WAC BUNKO

韓国人ユーチューバー・WWUK《ウォーク》

韓国人のボクが「反日洗脳」から解放された理由《ワケ》

JN141957

YouTuber
WWUK
ウォーク

WAC

はじめに——なぜ僕は日本に帰化するのか

僕は韓国・ソウル生まれの生粋《きっすい》の韓国人ですが、現在、日本に帰化申請中です。その理由は、結論から言ってしまえば、日本を愛しているからです。

僕は中学二年の途中で両親からオーストラリアに留学するよう勧められ、オーストラリアのアデレードにある中学校に入学しました。異国の地に一人、両親から離れ、友だちもいなくて、とても心細かったのですが、同じ学校に通う日本人の生徒たちと仲良くなったおかげで、徐々に留学生活に慣れていくとともに、日本のことも好きになっていきました。

日本人の友だちから借りた日本のドラマや映画のＤＶＤを観ながら日本の文化を学び、なんとなく聞き取れた日本語を「これはどういう意味？」と日本人の友だちに聞いて教えてもらったりしているうちに、自然と日本語が話せるようになり、さらに日本のことが好きになりました。後にひらがな、カタカナ、漢字も独学し、ある程度日本語の読み書きもできるようになると、日本での暮らしに憧れを抱くようになりました。

オーストラリアに行く前までは、僕も他の韓国の子供たちと同じように、学校でいわゆる「反日教育」を受けてきました。韓国人の生徒たちはもちろんこれを「反日教育」だと認識しているわけではありません。歴史授業の一環として、日本は韓国に悪いことをしていたと学ばされるわけです。

しかし、オーストラリアで実際に日本人と仲良くなり、触れ合い、互いに文化交流をしているうちに、彼らが韓国の学校で学ばされた日本人のイメージとは全く違うと感じました。こんなに優しくて思いやりがあって親切な日本人が、昔、本当に韓国を植民地支配したり、韓国人を虐殺したりしていたのだろうかと疑い始めたのです。

日本は理想の国

僕は日韓歴史問題における真実を究明すべく、インターネットを用いて日本語で日韓歴史について調べるようになりました。すると自分が今まで韓国で学んできた〝歴史的事実〟とは異なるものがたくさん出てきたのです。最初は半信半疑だったのですが、調べれば調べるほど、そうした記事の信憑性は高まるばかりで、最終的には韓国の歴史教育は全て偽りだったのだと気づきました。そのことを受け入れるのは、正直かなりショックでした。しかし、日韓関係のいろいろな真実を知るようになってからはさらに日本への興味が増して日本のことが好きになり、日本で暮らしたいと思うようになりました。

そこで、オーストラリアで中学校を卒業してから両親を必死に説得して一人で日本に行き、日本の高校に入学することができました。そして高校生活の三年間、日本で多くのことを学び、感じました。お世辞に聞こえるかもしれませんが、僕にとって日本という国はまさに理想そのものでした。

日本の文化、環境、食べ物などもそうですが、そう思えたいちばんの理由は、日本人特有の人間性にあります。誠実で秩序正しく、お礼とお詫びがしっかり言えて、人に迷惑をかけない主義で、親しき仲にも礼儀ありといった考えを持つ日本人の真心に、僕は敬服しています。

日本人の心からは目に見えない優しさ、誠実さ、配慮などといったさまざまなものが感じられます。僕はその日本人の心に惹《ひ》かれ、日本人として生きていきたいと思うようになりました。

韓国人視聴者からの殺害予告

現在に至るまで日本の高校、専門学校、日本で就職した会社で、十数年という歳月を過ごしましたが日本に対する自分の信念は当初と変わりません。

僕はＹｏｕＴｕｂｅ《ユーチューブ》という媒体で日韓の歴史における真実を動画で発信しています

が、韓国のメディアや韓国の人々は僕を「金儲け主義の嫌韓ユーチューバー」とか「親日派売国奴」とか呼んでいます。さらに、韓国のネット界で親日派リストに入れられ、僕を排除しようとする動きが見られます。

よく視聴者の方々から「本当に真実を伝える気があるなら、英語や韓国語でも発信するべきだ」という厳しくも大変ありがたいご指摘をいただくことがあります。ただ、現在の韓国では「親日狩り」が活発化しており、とても危険な状態です。

事実、二〇一九年十月四日に投稿した「【K（韓国）反応】地下水で基準値157倍の放射性物質ウラン検出される」という動画のコメント欄において、僕は韓国人の視聴者から殺害予告を受けました。

コメント欄にはハングル文字で、「西友に包丁と果物ナイフが安く売っているな。さて、（中略）人を刺す練習をしよう（後略）」「刺されるのはお前が先か、それともソウルにいるお前の親が先か、とても楽しみだ。我々韓国人が結集して、集団でお前を刺すことを考えると、とても楽しみだ」「親日派野郎、俺は今日本に来ている。この後、ドン・キホーテでナイフを買うんだ」「お前を殺すためにナイフを買ったんだが、もう一度このクソみたいな動画を載せたらぶっ殺してやる。俺はブローカーに依頼して、お前の（家の）住所は特定している。もう一度動画を載せたら、本当に夜道に気を付けたほうがいいぞ」などと関係のない僕の親まで脅迫するようなコメントまで書かれていました。こういうことを、韓国人は平気ですると思われるのはとても悲しい。

この殺害予告の件は警察に被害届を出し、現在、捜査してもらっているところです。ですから、僕の考えとしてはまず日本の若者にも真実を知っていただき、韓国語や英語での発信は帰化によって「日本人」という国籍上の安全を確保できてからと考えています。

韓国では自国が事実だと主張する〝歴史解釈〟とは異なる事実、つまり真実を語られると、「歴史歪曲だ！」とか「侮辱行為だ！」などと言いながら、訴えたり謝罪させたりと、言論の自由はどこにあるのかと思わざるを得ない行動に出ます。

二〇一八年十二月、文在寅《ムンジェイン》政権の与党の「共に民主党」は「歴史歪曲禁止法」という新しい法案を発議しました。内容としては、韓国でいう日本の植民地時代（日韓併合時代）、慰安婦問題、徴用工問題、独島《ドクト》（竹島）領土問題などで歴史を「歪曲」する者に二年以下の懲役または二千万ウォン（約百八十五万円）以下の罰金を科すといった法律です。

もしこの法案が国会で通れば、韓国国籍である僕が真っ先に逮捕されることは間違いないでしょう。しかし日本国籍を取れば、もちろん韓国の法律を気にする必要がないので、日韓の歴史における真実を発信するに当たって、より自由な活動ができます。

それもあって、僕は今、日本に帰化を申請しているところです。

祖国・韓国との訣別《けつべつ》

まず日本人になり、自分のステータスを保持したうえで、なぜ僕が日本の国籍を取ったのかという理由を含め、韓国の人々に真実を伝えたいのです。僕の動画を観て「今までの歴史観が変わりました」とコメントしてくれる韓国人の視聴者の方も増えています。そういった意味では、いま自分のやっていることはまったく無駄ではないのかなと考えているところです。

韓国籍を捨てることについて、迷いはまったくありません。『韓国「反日フェイク」の病理学』（小学館新書）の著者で、日本で活躍しているジャーナリストの崔碩栄《チエソギヨン》さんは、自分は帰化しないとおっしゃっていました。日本人になったら、もう韓国に入れなくなるかもしれないから、というお話でした。実際、一九八八年に帰化した拓殖大学教授呉善花《オソンフア》さんは、二〇〇七年十月、お母さんのお葬式に出席しようとして入国を妨害されたり、親戚の結婚式のときは完全に入国を拒否されましたから、現実にそういう恐れはあります。

ただ、率直に申し上げれば、僕は韓国に戻りたいという気持ちはありません。将来的には韓国にいる自分の両親にも日本に来てもらおうと考えております。

韓国人は、無条件の愛国心というか、母国に対して異常なほどの愛着を持っている人が多いので、こんなことを言うと問題があるかもしれませんが、なぜか僕にはそれが希薄なように感じます。本編で述べるように、ちょっと粗野なところがある韓国人よりも、僕は日本人に共感するのです。それはオーストラリア留学時代からまったく変わりません。

二〇一九年（令和元年）十一月吉日

WWUK（ウォーク）

韓国人のボクが「反日洗脳」から解放された理由《ワケ》

目次

はじめに――なぜ僕は日本に帰化するのか 3
日本は理想の国 5
韓国人視聴者からの殺害予告 6
祖国・韓国との訣別《けつべつ》 9
第1章 僕が〝親日〟になった理由 19
竹島は「反日入門」 20
日韓併合時代に育った祖母 24
「原爆投下はわれわれの努力の賜物」 29
オーストラリアで日本語を覚えた 31
日本はなんて自由な国なんだろう 35
韓国で習った歴史は嘘だったのか？ 39

第2章　ネット規制を強める韓国

第2章　ネット規制を強める韓国　45
レーダー照射はひどすぎた　46
漢字が読めないから歴史がわからない　51
青瓦台に告発された　55
「韓国」は放送禁止用語？　60
「歴史歪曲禁止法」は新たな「反日法案」　67
「VANK《バンク》」による韓国政府の世論操作　70
韓国の若者は北との統一など望んでいない　75
脳内が〝北朝鮮化〟している文大統領　78

第3章 「反日」という「我が国幻想《ウリナラファンタジー》」 81

竹島は李承晩大統領が強奪した 82
韓国は日本人殺害を公式謝罪せよ 86
国際司法裁判所に「単独提訴」を 92
「売春婦とは何だ！」 94
捏造された〝悲劇の壁文字〟 98
あなたも「元徴用工」遺族になれる！ 102
「反日」と「まともな意見」のせめぎ合い 106
「天皇」が理解できない 112

第4章　暴走する文在寅政権　119

文大統領こそ「徴用工訴訟」の張本人　120
「韓国の施設をすべて撤去せよ」　125
囁かれる文大統領の「認知症疑惑」　127
「大韓民国」自体がMADE IN JAPAN　130
「放射能」のデマまで流す断末魔の反日ボイコット　136
旭日旗と鉤十字《ハーケンクロイツ》を並べる浅はかさ　141
米国人をも蝕《むしば》む「ウリナラ・ファンタジー」　145
東京五輪をボイコットできない理由　147
南北共同開催にサッカー・ファンの怒り　152
旭日旗に関する世界の常識と韓国の非常識　156
ロンドンの敵《かたき》を東京で　159

「ホワイト国」って何？ 163
韓国メディアの「親日狩り」 165
『WiLL』は売れているか 168
こいつは韓国人じゃない、日本人だよ！ 170
日本国内の「ジャパン・ヘイト」 174
「離日」から「離米」へ 179

終章 **日韓関係の再構築のために** 187
お辞儀を返した韓国選手 188
国民が目覚めなければ国は変わらない 191
旭日旗の服を着て韓国を歩きたい 194

装幀／須川貴弘（WAC装幀室）

第1章

僕が〝親日〟になった理由

竹島は「反日入門」

僕はＹｏｕＴｕｂｅ《ユーチューブ》に「ＷＷＵＫ《ウォーク》　ＴＶ」というチャンネルを開設し、日韓関係や韓国の政治・外交問題を中心に、日々動画を投稿しています。どうして僕が日韓問題に興味を持ち、動画を配信するようになったのか。そのきっかけは、意外かもしれませんが、中学生時代のオーストラリア留学体験でした。まずは、少年時代の日本との関わりからお話ししたいと思います。

僕はソウルで生まれ、中学二年の途中まで韓国で教育を受けました。

小学校二年生のころ、両親、祖母と日本を観光に訪れたことがあります。京都、奈良、大阪など関西方面を回りました。子供ですから、奈良で鹿に餌をあげるのがすごく面白くて、鮮やかな思い出として残っています。韓国と違って街中で猫をよく見かけることも印象的でした。街並みはきれいだし、人は親切だし、さらには子供だったのにもかかわらず何より驚いたのは、日本のバスでした。

著者１歳の誕生日。正真正銘、ソウル生まれの韓国人です（いまのところ）

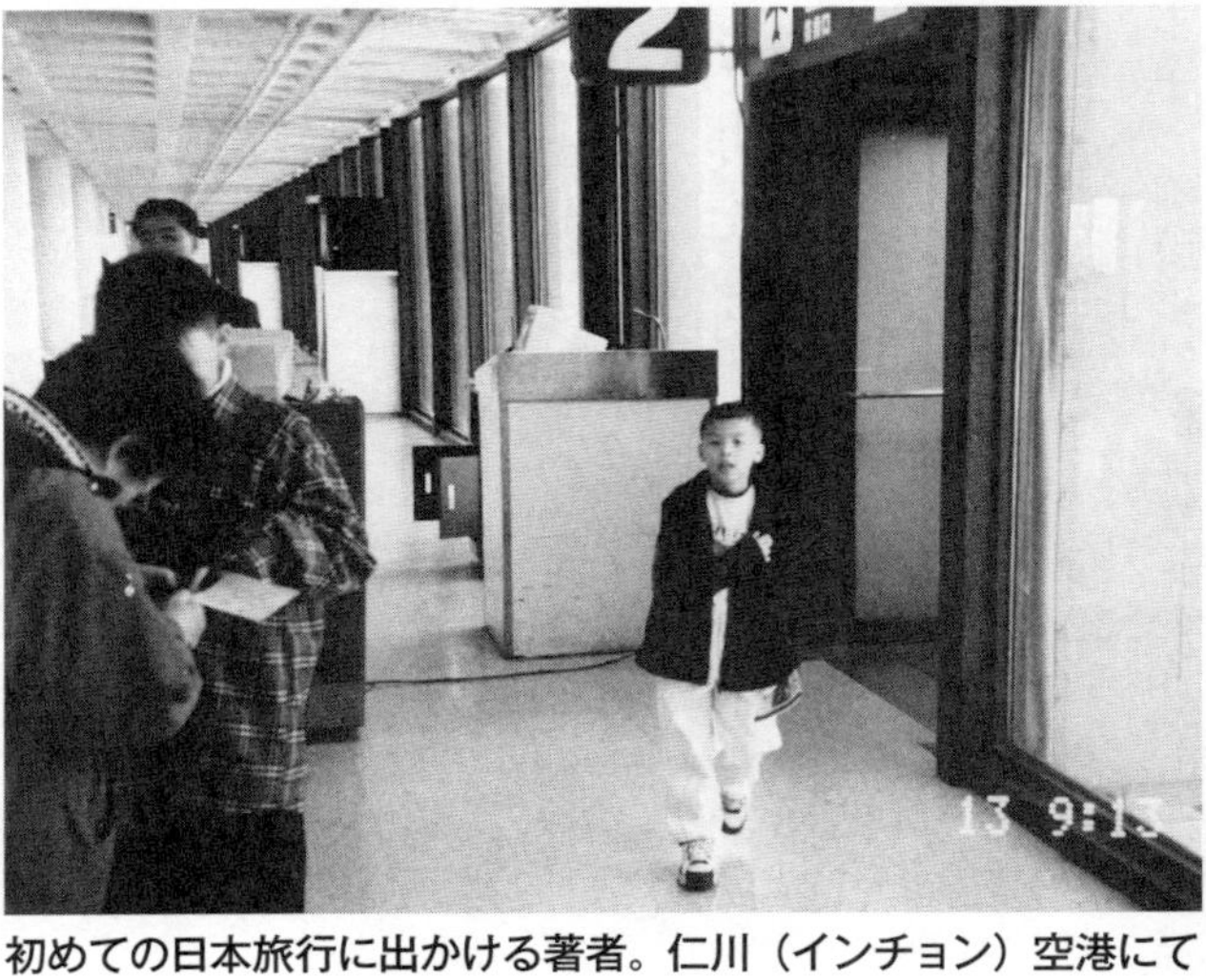

初めての日本旅行に出かける著者。仁川（インチョン）空港にて

一通り観光を終え、ホテルに帰ろうとバスに乗ったのですが、すべての乗客がちゃんと着席するまでバスは出発せず、運転手さんは乗客がそろったのを確認してからバスを出発させていました。日本ではごく当たり前のことかもしれませんが、韓国では基本的に乗客が席に着こうと着くまいとおかまいなしにバスは出てしまいます。それが普通だと思っていたので驚いたのです。

そんなところにも、ゆとりのようなものを日本文化に感じました。それに比べると韓国ではすべてがあわただしい。いま思うと、子供心にも日韓の文化の違いを感じていたのでしょう。

ご存じかも知れませんが、韓国では小学校に上がるとすぐに反日教育を受けます。『独島《ドクト》は我が領土』という独島（竹島）の歌を習い、無垢《むく》な小学生に「どこの誰がいくら自分の領土だと無理矢理なことを言っても、独島は我が領土」という歌詞を繰り返し歌わせて反日意識を育てます。最近では歌詞の一部を改変して「対馬も韓国の領土」と歌わせているようです。理屈も史実も何もあったものじゃない。問答無用なのです。

美術の授業では「独島」のお絵描きがあります。画用紙にクレヨンで竹島の絵を描くのです。先生に言われなくても、子供たちは島に韓国の太極旗が立っている絵を描いたりします。そうすれば先生が喜んで、ほめてもらえるとわかっていますから。

そうして「独島」が自分たちの領土であることを、歌とお絵描きで楽しく学ぶのです。模範的な韓国国民になるための通過儀礼と言っていいでしょう。竹島は反日教育のステップ1、いわば「反日入門」なのです。かつて韓国を侵略した日本人が、またしても韓国の領土を奪おうとしているというわけです。ところが、韓国の領土である根拠や証拠のようなものはいっさい示されません。先生から具体的な説明も聞いたことがない。とにかく「誰が何と言おうと独島は韓国のものである」一辺倒なのです。

そうして中学生になると、「日本は朝鮮女性を従軍慰安婦という名の性奴隷にした」と教え、純粋・純朴な子供たちに反日意識を徹底的にたたき込む。なんでそこまでするのか、我が同胞ながら、理解不能です。一種の洗脳行為と言ってもいいでしょう。

とはいえ、真面目に授業を聞いていなかったせいか、僕にはさほど効果がなかった。印象にさえあまり残っていません。理由《わけ》もなくただ「我が領土」と叫び、日本が悪いことをしたと繰り返すだけだったからでしょうか。

日韓併合時代に育った祖母

韓国人の根強い反日意識は、学校教育だけでなく、家庭の影響も大きいように思います。

たとえば新聞やテレビでも、日韓関係のニュースはどうしても反日色の濃いものになります。そうしたテレビニュースを見ながら、「日本はいつも韓国に対して悪いことばかりしている」などと親が言うと、一緒に見ている子供も影響を受けて、「そうか、やはり先生の言うとおり、日本は悪い国なのか」と考え、徐々に反日意識を抱くようになるのです。

僕の場合、親が「親日」とは言わないまでも、とくに「反日」というわけではなく、父は会社の仕事でよく日本にも出張し、ある程度は日本語も話せます。そういう環境で育ったので、反日感情の影響を受けないですんだのかもしれません。

僕の親はいま五十代で、戦争体験はありません。朝鮮戦争はもちろん、アメリカの要請で韓国軍も参戦したベトナム戦争さえほとんど知らない世代です。僕が子供だったせいもあるのかもしれませんが、両親が戦争の話をしていたことはなかったように思います。日本の悪口を聞いた記憶もありません。

祖父母は日本の統治下の時代を知る世代ですが、その話題もまったく出ませんでした。

二〇一三年のことですから、もう六年前になりますが、ソウルの公園で何げなく、「日本統治時代はよかった」と言った九十五歳のお爺さんが、その発言に激怒した三十代の男に撲殺される事件がありました。すると、ネットでは犯人を「愛国青年」と称賛する声が相次ぎ、実際、傷害致死罪として起訴されたものの懲役五年という比較的軽い刑ですみました。

僕の祖母はいま八十八歳で、カカオトークという韓国のメッセージアプリでよくやり取りをしています。LINEのようなもので、祖母は一応スマホは使えるのです。返事は遅いけれど（笑）。それで最近、「日韓併合時代はどうだった？」と率直に聞いてみました。祖母は当時十代でしたが、「いい時代だった。いま言われるようなひどいことはなかったよ」という返事でした。思ったとおりでした。僕が敢えて聞いたから、祖母はそう答えたのです。自分から自発的に「日韓併合時代はいい時代だった」とは口に出せない雰囲気が韓国社会にはあるのです。

結局、日韓併合というのは「暗黒の植民地支配」だったというワンパターンの認識なのです。実際は日本と韓国が一つの国に統合されたわけですが、韓国の人たちはあくまで「侵略」だと主張する。

中学になると、歴史の授業で豊臣秀吉の朝鮮出兵を教わります。日韓関係史を、そこから始めるのです。歴史が始まったそもそもの昔から日本は侵略者であると言いたいのでしょう。ですから、韓国人は十人中十人、豊臣秀吉という名前を知っています。日本では朝鮮出兵時の「虎退治」で有名な英雄・加藤清正も「悪いヤツ」だと習うので、日本人の「加藤さん」は韓国に行くときは要注意です。セウォル号沈没事故（二〇一四年）発生時に朴槿恵《パククネ》大統領（当時）はどこにいたのか、という産経新聞のコラムが大統領への名誉棄損にあたるとして、産経のソウル支局長だった加藤達也氏が起訴され、八カ月にわたって出国禁止処分を受けたのも、もしかしたら「加藤」という名前がいけなかったのかもしれません（笑）。

秀吉の「朝鮮出兵」を、韓国では壬申倭乱《じんしんわらん》、丁酉倭乱《ていゆう》と呼びます。日本でいう文禄《ぶんろく》の役《えき》、慶長《けいちょう》の役です。秀吉の軍隊が突然、攻め込んできて半島を侵略したということになっていますが、実際は朝鮮通信使に半島進攻を事前通告しています。僕が調べたところによれば、秀吉は朝鮮半島支配が目的ではなく、その先にある大国、明《みん》の征服を見据えていた。半島は単なる通り道で、ただ朝鮮に道案内させるつもりでした。そうした事実を知ってか知らずか、日本は昔から隙《すき》あれば朝鮮を我がものにしようと狙っていたと教えられるのです。

そもそも先進文化もなければ資産もない当時の朝鮮を侵略したって、秀吉に何のメリットもありません。壬申倭乱で日本は朝鮮の陶工を連れ帰り、陶磁器の技術を盗んだと韓国では言いますが、実は朝鮮の陶磁器の美を見出したのは日本人で、朝鮮人はその価値がまったくわからず、陶工たちは身分の卑しい者として虐げられていたようです。彼らが日本に渡ったのも、〝強制連行〟ではなく、自分たちの技術を正当に評価し、リスペクトしてくれる国で働きたかったのかもしれません。

日本が韓国への輸出見直しとホワイト国除外を表明したのを受けて、文在寅《ムンジェイン》大統領は「全羅南道の住民たちは李舜臣《イスンシン》将軍とともにわずか十二隻の船で（日本から）国を守った」と演説しました。韓国では李舜臣は秀吉の日本軍を追い払った英雄として尊敬されています。実際は、戦争の最中に秀吉が病死したため、それぞれの武将が勝者として個別に講和を結んで引き揚げることになった。李舜臣率いる十二隻の水軍は、帰国途中だった島津藩の船団を待ち伏せて襲いかかったのです。講和条約を結んだばかりの島津軍は油断していたに違いありません。朝鮮・韓国が条約や約束を守らないのはどうやら当時からの〝国技〟のようです。

日本でも、このとき島津の水軍が大敗したと信じている方がいますが、実は李舜臣は銃で射殺され、斬り殺された明の副将をはじめ朝鮮側の指揮官に複数の戦死者が出ている。それに対して島津軍はリーダーの島津義弘も無事に引き揚げています。李舜臣自身は勇敢で有能な将軍だったかもしれませんが、秀吉の「朝鮮出兵」に関する韓国人の評価はあまりに一方的であると言わざるを得ません。

ところで李舜臣といえば、韓国人がまず思い浮かべるのは亀甲船《きっこうせん》です。李舜臣が駆使したといわれる朝鮮水軍の軍艦、亀甲船は、韓国では伝説の船として称えられており、朝鮮の秘密兵器で、超高性能であったため、数に勝る日本軍を打ち破ったといいます。しかし、もしそのようなすごいものが実在していたならば史実に残らないはずがない。ところが亀甲船に関しては資料の裏付けがなく、今に至るまでその存在は証明できていません。韓国は「秘密兵器だから資料がない」と主張していますが、いつもながらの苦しい言い訳に過ぎないのではないかと思います。

「原爆投下はわれわれの努力の賜物」

結局、日韓併合時代に対する誤った解釈が問題なのだと思います。故意にナチスとユダヤ人との関係に結びつけて宣伝しているうちに、併合時代を知る世代が少なくなるにしたがってそれが真実だと信じるようになってしまったのでしょう。教育とは恐ろしいものだと改めて思います。

本当のところ、韓国人はナチズムどころかそもそも欧米の植民地支配についてはあまり知らないし、興味もありません。なぜか日本だけを批判するのです。

日本はナチスと同じように世界征服を企んでいた。だから植民地支配を行っていた。日韓併合もその一つだというのが韓国人の論理です。何かと言えば日本が悪い、戦犯国だとか戦犯企業だとか言い出して誹謗《ひぼう》するのもそれが理由だと考えられます。

一方、韓国人はどちらかと言えば親米で、自分たちが独立できたのはアメリカのおかげだと感謝している人たちも多いようです。もちろん、三・一独立運動（一九一九年）に始まる自分たちの努力がいちばんだと考えてはいます。実際には「独立運動」とは名ばかりで、単なる暴動にすぎなかったのですが、その頑張りが結実したのが広島・長崎への原爆投下だと考える韓国人までいます。

原爆はとても悲惨な、許されるはずのないアメリカの国家犯罪です。当時、広島・長崎で被爆した韓国人もたくさんいます。にもかかわらず、韓国にはその事実に気づいている人が少ない。神風特攻隊に多くの韓国人（朝鮮人）が志願したことも知りません。韓国人は学校で教えられることだけを信じ、自分で歴史を調べようとはしないのです。

韓国人は日本の敗戦によってタナボタ式に独立した、あるいは独立させられたとは考えたくないので、あくまで自分たちの力で独立を勝ち取ったのだと主張します。だから、当時の韓国人が「日本兵」として戦った事実をなかったことにし、自分たちが頑張ったおかげで、アメリカが原爆投下によって日本帝国主義に止《とど》めを刺してくれた、原爆はわれわれの努力の賜物《たまもの》だという意識があって、原爆そのものについては深く考えることはありません。ただ、アメリカが独立の手助けしてくれたというので親米感情を抱く韓国人が多いのです。

すべて自国を中心に考えていて、悪いのは日本だけという図式に固執する韓国人には、世界史的な視点が決定的に欠けています。幸い、ぼくは中学時代にオーストラリアに留学したので、そこまで徹底した反日教育を受けずにすみました。

オーストラリアで日本語を覚えた

母にオーストラリア留学を勧められたのは、中学二年のときでした。なぜオーストラリアだったのか。おそらく、韓国人留学生の多いアメリカでは、韓国人社会に閉じこもって英語を話す機会が限られてしまうのではないかと心配したのではないでしょうか。オーストラリアに留学する学生もそれなりにいるのですが、留学先としてはやはりアメリカが圧倒的に当時も今も人気があります。

もちろん、行先はどこであれ、留学を勧めたいちばんの理由は受験戦争を回避させるためだったと思います。何しろ韓国の受験戦争は激烈そのもので、受験に失敗すれば、まず生存競争の第一ステージから脱落します。遅刻しそうになった受験生を警察の白バイやパトカーが送っていく光景をニュースなどでご覧になった方もいらっしゃるでしょう。何しろ人生がかかっていますから、親も受験生も必死です。大学に落ちて自殺する子も珍しくありません。大げさではなく、まさに「生か死か」なのです。

地位と富を利用して自分の子供を名門校に不正入学させたという疑惑が報じられ、朴槿恵《パククネ》前大統領のブレーンだった崔順実《チエスンシル》氏や、文在寅《ムンジエイン》大統領の腹心・曺国《チョグク》氏に対して国民の怒りが沸騰するのも、そういう背景があるからです。

さらに、受験戦争を勝ち抜いた後には就職難が待っています。仮に、韓国で一番いい大学と言われるソウル大学に入れたとしても、就職が保証されるわけではない。財閥の一流企業に入れなければ、それまでの努力も水の泡です。財閥企業と中小企業とでは待遇に天と地ほどの差があり、大変な賃金格差が存在します。だから日本で就職しようとする若者も大勢いる。いずれにせよ、大学卒業と同時に韓国人の人生最終ステージは決定するのです。

そうした現実を忌避するために、親は僕を留学させることにしたのでしょう。幸い、比較的豊かな家庭だったので、それが可能だったのです。中学二年の途中からオーストラリアの学校に編入してホームステイしながら通い、高校一年の途中までアデレードという街で暮らしました。アデレードはオーストラリアの南端にあって、南オーストラリア州の州都なのですが、はっきり言えば田舎で、外国人はあまり見かけません。自国の言葉を話す機会が少なく、確かに英語の勉強には適した環境でした。

皆が皆というわけではありませんが、基本的にオーストラリア人はアジア人が嫌いです。先住民族のアボリジニの人から空き瓶を投げつけられ、「ファッキン・チャイニーズ」と罵られたり、バスを待っていたら、後ろから突然バス停のガラスを割られて脅されたりしたこともあります。向こうの人はアジア人イコール中国人と考えていて、そういう意味では中国人が嫌われているのかもしれないけれど、命の危険を感じたことも多々ありました。アデレードという地域を悪くいうつもりはありませんが、比較的治安が悪かったような記憶があります。

それでも、学校の友人たちに人種的偏見はあまりなかったようです。オーストラリア人の友だちから、「おまえ、北朝鮮から来たんだって？」とからかわれ、むきになって「いや、俺は韓国出身だ」って言い返したりしたことはありましたが、みんなまだ子供のようなものでしたから。

現地の中学校にはいろいろな国からの留学生がいましたが、僕には日本人の友だちがたくさんできました。日本を明確に意識したのはそのころからだったと思います。

もちろん韓国人の友だちもいたのですが、なぜか日本人のほうが気が合って、日本人の友だちとばかり付き合うようになりました。

放課後にショッピングモールで待ち合わせ、そこにほかの学校の日本人も合流して、ハンバーガーショップとかでよくおしゃべりしながら過ごしました。外国だし、田舎だし、アジア人留学生が遊ぶようなところもない。おしゃべりでもする以外、もう本当にやることがないのです。おかげで、日本語がどんどん話せるようになりました。そうやって日本人としか付き合わなくなったこともあって、英語の勉強のためにオーストラリアに行ったのに、結果的には日本語と日本文化を学ぶことになりました（笑）。とはいえ、そのおかげで今の自分があるのですから、そのことを今はとても感謝しています。

日本はなんて自由な国なんだろう

日本人の仲間と付き合うようになって思ったのは、日本人は韓国人とはどこか違うということです。なぜ気が合ったのかと言えば、うまく説明できないのですが、日本人といると居心地がよかったのです。ありのままの自分でいいというか、自分を飾る必要がないといったらいいのでしょうか。

韓国の友だちといると、常に気を張っていないといけない。韓国人は基本的にプライドが高いうえに、ことあるごとに「俺は喧嘩が強いんだぞ」と威嚇《いかく》するような、殺伐《さつばつ》とまでは言いませんが、荒々しいところがあるのです。

たとえば韓国では喧嘩の強いヤツは強いもの同士でしか付き合わない。弱いヤツと友だちになったりすると、強いヤツのグループから、「おまえ、なんであいつと付き合っているんだ?」みたいに不審がられるのです。強者は強者同士、弱者は弱者同士で群れになるという感じです。

日本人にはそういうところがない。イケてるヤツとイケてないヤツが友だちになったって、日本では別に誰も何とも思わないじゃありませんか。韓国人は違う。イメージを大切にすると言えばいいのか、要するに周囲の目を気にするのです。

日本人となら、肩ひじ張らず、誰とでも素直に付き合えます。もちろん十代の男の子だから、カッコつけたり、自分をよく見せたいというような気持ちは国籍を問わず、あっておかしくありません。しかし、韓国人は少々度が過ぎています。

「親しき仲にも礼儀あり」という言葉があるように、日本人はいくら仲がよくても、礼儀を重んじて、ある程度の距離を保ちながら、関係を維持していく。それに比べると個人的な感想ではありますが、韓国の場合、一度仲よくなると何でもありといった感じで、相手に対する気遣いがあまり感じられません。その割に上下関係はかなり厳しく、例えば目上の人の前でお酒を飲んだりタバコを吸ったりする際には片手で口元を隠さなければなりません。もちろん日本にも上下関係はありますが、韓国の場合は意識過剰というか、ちょっとやりすぎな感じがします。

韓国人が外国で日本びいきになるというのは、やはりレアケースだと思います。韓国人は、同胞意識といいますか、「われわれ」感がかなり強いので、仲間に入らず、日本人とばかりつるんでいる僕は変わり者に見られて、韓国人の間ではあまり評判がよくなかった。実際、韓国人の友だちから「なんでお前、日本人とばっかつるんでるんだ？」と、まるで僕が常識外れな行動をしているかのような扱いをされたことがあります。

友だちが日本から持ってきていた『ドラゴンボール』や『ドラえもん』のようなマンガを読ませてもらったり、ＤＶＤを借りて日本人の友だちと一緒に、ノートパソコンで日本のドラマを観たり、ネットで配信されていた日本のドラマや映画、音楽を通して日本文化に急速に親しむようになり、日本と日本人がどんどん好きになっていきました。

とくにお気に入りだったのが『野ブタ。をプロデュース』というテレビドラマで、主人公が、冴《さ》えないイジメられっ子の転校生を人気者にプロデュースするという学園コメディです。ドラマだとわかってはいても、日本の学校生活はとても楽しそうで、なんて自由なんだろうと思って観ていました。韓国とはまるで違う。

僕が通っていた韓国の中学校は、言ってみれば日本でいう昭和の時代の学校でした。教師が王様のように君臨《くんりん》していて、生徒を平気でぶん殴っていました。髪も長く伸ばしてはいけない、襟足《えりあし》がカラーにかかってはいけないというように、服装や髪形も細かく校則として決められていて、本当に窮屈でした。それに比べて、ドラマで見る日本の学園生活は文化の質がまったく違うような気がして、憧れを抱きました。大げさに聞こえるかもしれませんが、住む世界が違うなとも感じました。

日本人の友だちからも、そういった自由な感覚が伝わってきました。韓国でも、中学生がカラオケに行ったりする、そういう意味での自由さは日本とさほど変わりません。ただ、うまく言葉にできないのですが、文化的な質が違うと僕が言うのは、表面的には一見、自由に見えても、精神の本質的なところで社会に強く束縛されているという感じ。韓国では、親や先生を敬い、絶対服従しなければならないという、そういう意識がどこかにあるのです。

そういった意味で、僕にとって日本という存在は、憧れとともにどんどん大きくなっていきました。

韓国で習った歴史は嘘だったのか？

韓国語と日本語は、発音が似ているところがあって、ヒアリングが比較的楽でした。わからない言葉は、日本人の友だちに英語で、「これはどういう意味？」と聞いて、教えてもらいながら単語を覚え、その単語を組み合わせて文章をつくったりしました。はじめのうちは英語と日本語を混ぜながら会話をしていましたが、それを繰り返しているうちに、英語より日本語のほうが上達していきました。当初は日本語を本格的に学ぼうとは考えておらず、ほんの趣味的な感覚で接していたのですが、まさか自分が独学で日本語を話せるようになるとは夢にも思いませんでした(笑)。

僕もそうでしたが、いまの韓国人は漢字をほとんど知りません。ですから僕は、わからない漢字は携帯で漢字に変換して、「ああ、こういうふうに書くのか」という具合に覚えていきました。おかげで、いまでも漢字は少々苦手ですが、読むぶんにはとくに不自由しません。

難しかったのはカタカナです。「シ」と「ツ」、「ソ」と「ン」のように、線の微妙な角度によって文字が異なるのもそうですが、英語のような外来語をカタカナの発音にするのがすごく難しくて、日本語の中で一番てこずったところでもありました。たとえばMcDonaldをできるだけ英語の発音に忠実にカタカナで書こうとすると「メックナードゥ」とでもなるところですが、日本語では「マクドナルド」になります。日本語は、「あいうえお」のような母音しかなく、発音が限られているので、それが難しかった。かといって、英語の発音では聞き取れない方がいらっしゃるし、情報を正確に伝えるには、やはりちゃんと日本語の発音にしなければなりません。そういうところはいまも気を遣っています。だからカタカナは結構、難しかった。

日本語が上達すると、日本人の友だちと竹島や日韓の歴史問題など、込み入った話題についても話せるようになりました。そうすると、僕が韓国の学校で習ってきたことと、彼らの認識との間に大きなずれがあることに気づき、違和感を抱くようになったのです。

実際に付き合ってみた日本人の友だちは、韓国でさんざん教えられてきた残虐で好戦的な日本人のイメージとはまったく違いました。それで、もしかしたら彼らの言っていることのほうが本当ではないかと疑うようになったのです。

僕はネットで調べてみることにしました。好奇心もあって日本語で検索すると、韓国では知り得ない情報や、これまで教えられてきたこととは正反対の史料が大量に出てきます。中学生の僕にとっては非常にショックでしたが、同時に目が開かれる思いでした。はじめはさすがに学校で嘘を教えるはずはないと思っていたのですが、やがて、韓国で習った歴史は間違いだったのではないかと考えるようになりました。

これは日本人もおなじだと思いますが、海外にいると自分の国を客観的に見られるようになります。僕の場合、そうして韓国を外からながめていると、どんどん違和感を覚えるようになりました。韓国ではあたりまえだと思っていたことが、海外ではそうではなかったり、逆に海外では普通のことが韓国では許されなかったりする。そうした違いをじっくり考えてみた結果、韓国の文化は自分には合わないという結論に至ったのです。

そこで僕は、オーストラリアの中学を卒業したら大好きな日本の高校に行かせてくれと両親を必死に説得しました。

すると予想したとおり、なぜわざわざアジアの国に行くのかと反対されました。どうせなら英語圏のほうがいい、アメリカに行かせてあげるから、そうしたらどうかと言うのです。前に言ったように、僕の両親は反日というわけではないので、そういう意味で反対していたわけではありません。やはり英語をマスターしたほうが後々役に立つだろうと考えていたようです。それでも、どうしても日本に行きたいと説得を続け、ようやく両親も折れて、日本に来ることになったのです。

そのときから、僕は日本に骨をうずめようと思っていました。日本に来てからも、この国にずっと住み続けたいという思いは薄れるどころか、ますます強くなるばかりでした。

第2章 ネット規制を強める韓国

レーダー照射はひどすぎた

中学を卒業すると、日本人の友人の父親の紹介で、北海道に本部のある札幌の高校に入学しました。一年生の時に友人から教えてもらったL'Arc～en～Ciel（ラルクアンシエル）という日本の四人組ロック・バンドに影響されて、自分でもバンドをやってみたいと考えるようになりました。友だちがギターを持っていたので、よく彼の家でギターを借りては練習しました。

のちに自分のギターを買い、独学で曲をつくったりして、音楽の道に進みたいと漠然と考えるようになりました。ちなみに僕のパートはギター&ボーカルでした（笑）。

札幌の冬はとても寒く、しかし鮮烈で、夏は涼しく、さらには食べ物もすごく美味しかった。もちろん自然や景色も素晴らしく、いまでもくっきりと記憶に残っています。

僕が通ったその高校は全国にキャンパスがあったので、二年のときに東京キャンパスに移りましたが、大学への進学は考えずに、音楽を学びたくて専門学校に進みました。ところが、自分にはアーティストの素質がないことに気づかず、別の学校にかわったりして、結局、三校目の音楽関連専門学校で二年間学び、ゲーム音楽関係の会社に就職しました。いま思えば、本当に子供だったのです。

会社員時代は、僕が韓国人ということで、いやな思いをするどころか、むしろいろいろとケアしてもらったり、どちらかというとすごく気を遣ってもらいました。たまに日韓問題の話になっても、「日本も悪いよね」と言われることもある。「いや、そんなことありませんよ」と、僕が逆に否定したりしていました。

もし僕が日本人で、韓国の会社に入ったとしたら、たぶん真逆でしょう。これは韓国人特有の現象ですが、別に反日感情に侵されていない人でも、歴史問題が絡んでくると途端に「反日」になる。ガンガン攻撃されるのは目に見えています。日本人のモラルというのは、そこからして韓国人とは根本的に違う。

その間も、日韓の歴史に対する興味は増すばかりで、学生時代以上に自主的に歴史を調べるようになりました。すると、調べれば調べるほど、まったく知らなかった情報が次から次へと出てきます。たとえば日本統治時代は決して植民地支配などではなく、日本はインフラを構築したり、学校制度を整えたり、農業や林業を興したりして、朝鮮半島の近代化を推進し、生活水準を日本と同レベルに引き上げようと努力した事実を知りました。それが収奪を第一目的とした欧米の植民地支配と同じであるわけがない。日本と韓国が同じ国になった、まさに日韓「併合」だったのです。

僕はこうした情報や真実をもっと多くの人と共有したいと考えるようになりました。そこで、多くの人が自由な言論活動をしているユーチューブの活用を思いついたのです。動画で何かを伝えるということが、やはり僕としてはいちばんやりたかったことだったのでしょう。

とはいえ、はじめから「韓国の嘘をあばく」とか「反日教育の実態」のような過激でヘヴィーなコンテンツでは多くの人に受け入れられないだろうから、当面は日韓問題に触れず、ちょっと笑えるような何気無いエンタメ系でいこうと考え、動画を投稿しはじめました。初投稿は忘れもしない、二〇一八年二月十二日のことです。

コンテンツはまったく歴史とは関係なく、たとえばザ・ユーチューバーがやっていそうな「商品紹介」とか、「教科書に載らない韓国語講座」といったようなものでした。

「こんなの買ってきました〜」とか言って実際に商品を使ってみたり、食品だったら食べてみたり、大食い動画を投稿したり、要するに罪のない、どうということのないものばかりでした。

それを百八十度転換させ、予定より早く日韓問題を取り上げるようになったのは、韓国の駆逐艦から日本の自衛隊哨戒機へのレーダー照射事件（二〇一八年十二月二十日）がきっかけでした。

そのニュースを知って、いや、これはさすがにないだろうと、憤りを禁じ得ませんでした。外国の軍用機にレーダーを照射するというのは攻撃を仕掛ける意思表示になる。戦闘開始一歩手前の行為です。それを韓国は、はじめのうちは遭難した北朝鮮の船を探索するためのレーダーだったと言い訳をしたかと思ったら、次には「レーダー照射などしていない。日本のいいがかりである」と主張を変え、あげくの果てに「自衛隊哨戒機が威嚇飛行を行った」と逆に日本を批判し、いつもの「論点ずらし」をしはじめました。我が母国ながら、どこまで嘘を重ねるのかと憤《いきどお》っていたら、さらに日本に対する反論映像をユーチューブで公開したのです。ところが、これが話にならな

い お粗末きわまるビデオでした。

ひと目で画像を合成したことがわかるサムネイル（タイトル画面）、映像に自信がないせいかBGMを使ってそれらしい演出をし、「反論映像」と言いながら、ほとんどが日本側の映像の使いまわし。我が母国ながら、あまりの情けなさにフォローのしようがありません。

さすがに我慢できなくなって、韓国側の反論動画が公開される前ですが、この事件に対する韓国人の反応を動画にしてユーチューブにアップしました。これ以降、日韓問題について投稿するようになったのです。

韓国の男って、軍事系が好きなのです。徴兵制度があるので、「俺は軍事に詳しい」とちょっと誇らしげに語ったりする。だから、レーダー照射事件の動画は注目を集めたのですが、韓国では意見が半々に分かれました。また日本が虚言を弄している、いや嘘をついているのは韓国のほうだ――と。

ところが、韓国船が国連決議に反して北朝鮮の船と「瀬取り《せど》」（洋上での物資の積み替え）を頻繁に行っていることが次々と明るみに出たおかげで、韓国の軍艦はやはり北の遭難船を救助していたのではなく、「瀬取り」がバレそうになったから日本の哨戒機にレーダー照射したのではないか、という声が一斉に上がり、ネットでは「この事件はさすがに恥ずかしすぎる」という声も多く見られました。韓国にもレーダー照射事件の真実に気づいている人はいるのです。

漢字が読めないから歴史がわからない

日韓の歴史における真実について投稿しはじめると、思ったとおり韓国人からの批判が殺到して炎上しました。音声は日本語なのですが、ユーチューブには自動生成字幕という機能があって、「字幕」をオンにすると、僕がしゃべっている日本語の音声を拾って自動的に字幕が出ます。必ずしもすべてが正確とは言えず、ときどきおかしな聞き間違いをして、笑える字幕も出るのですが、それをユーチューブの自動翻訳機能を使って韓国語に翻訳する人がいるのでしょう。僕の動画を見た韓国人から悪口雑言のコメントが数多く寄せられたのです。

それで、ふざけて白い仮面をかぶって、「いやぁ、これからはもう顔を隠さないと危ないですかね」みたいな動画をアップしました。真実と立ち向かわない韓国人の方々へのちょっとした皮肉だったので、仮面はすぐに外しましたが、それは僕が顔出しできるのは根拠のある真実を語っているということをアピールしたかったからでもあります。

日本語がわかる韓国人もけっこういるようで、日本語で批判的なコメントをする韓国の視聴者がいる一方、グーグルの自動翻訳を使い、韓国語でそれに対する反論のコメントを載せる日本人もいて、喧嘩がはじまることもしばしばです。

日本人と韓国人が歴史論争をしても嚙み合うはずがないのは、韓国人が歴史を学ぼうとしないからですが、さりとて学ぼうにも学べないのが現実です。それは、韓国人が漢字を読めなくなっているからです。

日本語を学習するにあたって僕が漢字で苦労したことはお話ししましたが、若い人は、漢字がほとんど読めないし、ましてや書くことなど特別な人でない限り不可能です。自分の名前すら漢字でどう書くか知らない韓国人さえいます。

もちろん、日本では朴正煕、朴槿惠、文在寅と大統領や政治家の名前が漢字で表記されるように、今でも韓国に漢字の名前は存在します。たとえば出生届のような、役所の公式な書類の姓名の欄には、漢字とハングルが併記されています。漢字で名前をつけて、それをハングル文字にするのです。

新聞や雑誌もほとんどハングルで書かれていますが、読者にインパクトを与えるため、人名や「板門店」のような地名だけが漢字で表記されることがあります。ハングル文字ばかりの紙面に漢字がバーンと入っていると、いやがうえにも目立つ。つまり、これこそが重要なキーワードだと示すわけです。

あとは同音異義語の混同を避ける場合くらいでしょうか。日本語でも「島」と「縞」、「雲」と「蜘蛛」のように、漢字で書かないとどちらかわからない言葉がありますね。韓国語にも、同じ発音で、ハングルで書けば同じだけれど、意味が複数ある言葉というのがあって、どちらかわかりにくい場合に漢字を使うことがあります。しかし、最近では、そういう使い方もほとんど見られなくなりました。

そんな状態ですから、一般の韓国人にとって漢字は古代文字のようなもので、昔の本が読めない。漢文の歴史書はもちろん、たとえ近代の漢字混じりの史料に真実が記されていたとしても、それが一般の民衆に理解されることはありません。

日韓併合時代の史料はすべて漢字かな混じりの日本語か漢字ハングル混じり文なので、日韓関係史を学ぼうとすれば当然、漢字を勉強しなければなりません。そうしなければ歴史の真実をたどれない。英語ができると言っても、英語の史料では、当時の情報はきわめて限られます。日韓関係は欧米に直接の影響は与えませんでしたから、史料はほとんど無きに等しい状態です。

韓国の新聞や雑誌に漢字があまり使われなくなったのは一九八〇年代か九〇年代くらいからでしょうか。気がつくと、いつの間にか漢字がほとんどなくなって、ハングル文字だらけになっていました。こうした状況が生まれたそもそものはじまりは、日本の敗戦から三年後の一九四八年に施行された「ハングル専用法」です。この法律によって、公文書はハングルで書くことが定められました。漢字併記の例外も認められていますが、国家が率先してハングルを推奨したわけです。

結果的に国民は史料が読めなくなり、国民の目を真実から逸らせることになって、いまや政府はやりたい放題、嘘をつき放題です。国家が意図的に漢字の使用を制限したのではないかと勘繰りたくもなります。いまからではもう遅いかもしれませんが、少しずつでもいいから漢字教育を復活すべきだと僕は思っています。

青瓦台に告発された

そんな韓国の人たちにユーチューブで歴史の真実を伝えようとするなら、当然ではありますが、韓国語を併用したほうがいいのではないかと言われることがあります。しかし、今すぐにそれを実行するのはあまりにも危険なのです。

現に韓国語でやってないのにもかかわらず、僕の動画を快く思わない方々からのバッシングは絶えません。

ある在日韓国人ユーチューバーから、「日本在留売国ＹｏｕＴｕｂｅｒ発見」「売国ＹｏｕＴｕｂｅｒ映像ついに公開」と告発されたことがあります。動画には「この人（ＷＷＵＫ）は自国を擁護する気がいっさいなく、すべて日本が正しいという考え方。

慰安婦や日本の植民地支配を歪曲して伝え、正当化するような動画で人気を得ているようです。同じ在日韓国人が迷惑だから、もう少し韓国人の心境を考慮してほしい。これからも監視しているぞ！」という強迫に近い発言すらあったのです。

中には「こいつ（ＷＷＵＫ）は韓国人じゃない！」「韓国人になりすました日本人だ」という書き込みもありました。僕がかつて公開した「教科書に載らない韓国語講座」での僕の韓国語のイントネーションがおかしいとか、文章がメチャクチャだというのがその証拠だと言うのです。

ひと言、弁明をさせていただければ、僕はもう十二年ほど日本で暮らしていて、自慢ではありませんが、日本に韓国人の友人は一人もいません。友だちは日本人ばかりです。その間、韓国語を使う機会は、家族とＬＩＮＥで電話したり、韓国の記事を和訳するときくらいしかなかったので、なかなか韓国語を話す機会はなく、多少イントネーションがおかしくなっているのかもしれません。文章がひどいという指摘については、僕の不徳の致すところということで、何とぞお許しください（笑）。

それでもお疑いの方は、僕が正真正銘の生粋の韓国人であることを証明するため、動画で僕のパスポートや駐日大韓民国大使館で発行してもらった基本証明書の書類も公開しております。そこには出身地を表す登録基準地という項目があり、大韓民国と記述されていることを証明していますので、よろしければぜひそちらをご覧くださいませ。

ともあれ、日韓問題の真実を取り上げるようになってから、心ない我が同胞たちが僕のチャンネルを潰そうとして、根拠のない「違反報告」や「スパム報告」機能を繰り返し悪用しています。

おそらく、彼らは僕の動画を一つとして最後まで観たことはないでしょう。このような状況にあって、もし字幕もテロップも一〇〇%韓国語の動画を載せたら、韓国人からの総攻撃にあってアカウントがＢＡＮ（停止）されかねません。そうなったら動画が載せられなくなり、発信自体できなくなってしまいます。

「それでも韓国人か！」「金のために親日やってて楽しいか！　この売国奴が！」というような目を覆いたくなるようなハングルのコメントはいつものことで、身の危険を感じるほどです。そういうバイオレンスな言葉はユーチューブ側で自動的にフィルターがかかって削除されるのですが、僕のほうでも、過激なワードが含まれているコメントは精神的にも辛く、そういった誹謗中傷的な単語を含むコメントはすべてフィルターをかけて自動的に表示されないように設定しています。コメントの多くが日本語なのはそのためで、実際には尋常ではない量の誹謗中傷コメントが届いています。韓国人は一度熱くなると徒党を組み、集団で攻撃してきます。韓国のネット掲示板やサイトでも、僕を「売国奴」「国賊」「嫌韓ユーチューバ」と呼ぶ言葉があふれかえっていました。

「売国奴ユーチューバーの告発」を目的とするチャンネルでは、僕をはじめとする親日韓国人ユーチューバー数名を青瓦台《せいがだい》（韓国の大統領府）に告発しようという動きもありました。

青瓦台のホームページに、文在寅大統領が開設した「国民請願掲示板」というコーナーがあるのを、あるいはご存じかと思います。これは大統領への要求や提案などを誰でも自由に書き込めるというもので、ある案件に対し、同意する者が月に二十万人を越えれば、青瓦台が何らかの回答と対応をすることになっています。

ユーチューバーとして日韓関係の真実を発信中。ハムバク島については 184 ページ参照

その掲示板に「日韓の歴史を歪曲し、我が国を誹謗して日本で荒稼ぎしているヤツがいる」と、僕を告発する書き込みがあったのです。とはいえ、賛同者の数はまったく増えず、当然ながら二十万通に届くことはありませんでしたが、現在も韓国のコミュニティサイト等では「慰安婦侮辱、韓国に対する虚偽情報を配信する売国ユーチューバーを罰しましょう」という掲示が多数あります。

実際、韓国にはそこまでする人たちがかなりの数、存在するのです。僕が本名や年齢などをいっさい公開していないのも、そういう現実《リアル》的な危険が伴うからです。個人を特定されないように、フェイスブックも脱退しました。

フェイスブックやＬＩＮＥからはずいぶん個人

情報が盗まれています。とくにLINEは韓国企業なので、そこから日本のさまざまな情報を得ている。みんな安易に利用規約に同意しますが、それはサービスを利用するかわりに個人情報を引き渡すということです。そのことを忘れてはいけません。

「韓国」は放送禁止用語?

動画の内容に問題ありと通報されて広告を載せられなくなるケースがあります。広告は、ユーチューバーとしての収入に直結するので、これは死活問題です。

ご存じかもしれませんが、ユーチューバーの生活は基本的に広告収入で成り立っています。観たい動画が始まる前に広告が流れたり、動画の画面の下のほう、あるいは画面の右上部分のサイドバーに広告が表示されたりしているのにお気づきでしょう。その広告主がユーチューブに広告料金を支払い、そこからユーチューバーの取り分が支払われるという仕組みになっているのです。

ユーチューブに動画をアップする際には、まずユーチューブのサーバーに動画をアップロードし、その後ユーチューブの人工知能（ＡＩ）が、その動画が適切なコンテンツなのかどうか、検査します。しかし僕の場合、ほとんどの動画が不適切とみなされ、動画を公開することは可能でも広告は掲載してもらえませんでした。これは動画の内容ではなく（動画内の字幕《テロップ》は読み取れるようです）、ＡＩが動画のタイトルやサムネイルに使われているワードなどを主にチェックし、例えば、「韓国」や「北朝鮮」や「文在寅」などという政治関連ワードが入っていると、動画内容とは関係なく不適切とみなすからです。

そこで「韓国」という言葉のかわりに「隣国」を使ってみました。ところが、これもじきに〝不適切〟ということになった。「コリア」も「Ｋ国」もダメ。そこで南朝鮮＝ＭＣという隠語も考えましたが、これもダメでした。結局のところ現在は「Ｋこく」というワードで動画をアップしています（笑）。僕の動画には、もはや「韓国」を表すワードは、ほぼ入れられません。「放送禁止用語」状態です。さらにＡＩは動画内で表示されるテロップも読み取れるらしく、あまりにもＮＧワードが繰り返されると不適切とみなされてしまうので、テロップにも気を遣う必要があり、「ＮＧワード」を使う場合は音声に〝ピー音〟を入れ、テロップも伏せ字にしたりしています。「韓国」というワードを使うと動画が不適切になるとは、韓国人である僕にとっては皮肉としか言いようがありません（笑）。

ただ、動画が一度不適切になると、ユーチューブ側に直接審査をリクエストを出すことができます。審査をリクエストすると、今度は人間による手動審査という形で動画がチェックされ、適切かどうか判断されます。この審査に通れば、動画のタイトルに韓国というワードが入っていても広告を掲載してもらえるのです。もちろん、審査が通らない場合だってあります。

他のユーチューバーの方の韓国〝批判〟動画にはそんなことはないようです。たとえば、ユーチューブとニコニコ動画で『KAZUYA Channel』を開設していらっしゃる人気ユーチューバー、KAZUYAさんは、韓国の『中央日報』から「日本の代表的なネット右翼」と決めつけられましたが、「韓国」という言葉を制限されているわけではありません。

ちなみに、雑誌『WiLL』（ワック刊）が運営する『インターネットテレビWiLL

増刊号』に出演させていただいた時は、何の制約もなく、自由にしゃべることができました。コメント欄には「WWUKさんがピー音無しで話してる。聞く方も非常に分かりやすいです。やっぱりこれが普通ですよね。WWUKさん、頑張ってください」という励ましのお言葉もありました。僕の動画の〝無修正版〟は、ぜひ『インターネットテレビWiLL増刊号』でご覧ください（笑）。

それはともかく、どうして広告が入らないような事態が起こるのか、さらに詳しくお話しさせていただきたいと思います。

ユーチューブ（グーグル）の運営側は、投稿されている動画の内容が広告にマッチしているかどうか、もっと言えば広告を載せるだけの価値があるかどうか、あるいは広告主のイメージを損なわないかを常にチェックしているからです。

動画をクリックする前にタイトルや内容が表示されるサムネイルと呼ばれる静止画面や、タグ（内容のジャンルを示して検索を容易にするためのキーワード）だけでなく、運営する側は映像に表示されるテロップなど、動画に関わるテキストすべてをAIでチェックし、その動画が広告を掲載するのにふさわしいかどうかを判断するのです。

極端な例をあげると、イスラム国の動画に自社の広告が出ていたといって、ある大手スポンサーがユーチューブから撤退したことが、かつてありました。つまり広告を出すにはまことに不適切な動画だったわけです。そういうことが再び起きないよう広告主に配慮して、運営側の検閲も厳格化されたのでしょう。

そんな中、いちばん問題視されたのが「慰安婦」というワードです。これは僕の動画には絶対に使わせてもらえない。「慰」という漢字一文字でもいけない。だから、カタカナを使って「イアン婦」と書いたのですが、これもダメ。結局、カタカナとローマ字を交えて、「イANフ」にしました（笑）。それでAIの検閲から逃れられ、やっと動画を載せることができたのです。ユーチューブに抗議のメールを多数送ったおかげなのか、ここのところは僕のチャンネルへの規制が緩和されているようにも感じます。

なぜそこまで僕の動画の「慰安婦」という言葉に神経をとがらせるのか――そこに韓国政府の影を感じたとしても、あながち被害妄想とは言えないでしょう。

慰安婦強制連行の「嘘」について取り上げると、すぐに違反報告と抗議が殺到して、いよいよとなれば前述したようにアカウントが停止され、動画が削除されます。韓国政府側も自分たちの「嘘」を知っているからか、「慰安婦」否定動画をとくに目の敵《かたき》にしている。削除は基本的にユーチューブ側が行うのですが、不思議なのは慰安婦の動画だと、再生数が少なくても、極端な話、五百回くらいしか観られていないような注目度の低いものでもどんどん消されていることです。どう考えても韓国政府が動画を徹底的にチェックしてグーグルに圧力をかけているとしか思えません。ジョージ・オーウェルの『1984』におけるビッグブラザーのように、韓国政府はふるまっているのではないでしょうか。

日本が韓国批判をすると「ヘイト」になり、韓国が日本を批判するのは「表現の自由」であるというダブルスタンダードが、ユーチューブでもまかり通っているのが、その傍証になるでしょう。

たとえば、つまようじか何かでつくった日章旗とか旭日旗にオイルをかけて、「ハイ、火をつけまーす」などと言って燃やす動画を投稿した韓国人がいます。そういう動画は過激で暴力性があるうえに、とくに火を扱っているのが問題です。かつて〝危ない系〟のユーチューバーが火をつかって事故死したことがあり、ユーチューブを運営するグーグルも責任を感じているので、基本的に載せられないはずなのに堂々と載っているのです。本来なら削除されるべきなのに、放置されている。つまり、反韓動画は注目度の低い（再生回数の少ない）ものでも片端から告発するが、反日動画はおとがめなし――ということです。もしも韓国政府から「ここは間違いだから、こう直せ」とか「これは削れ」などと言われると、グーグルも一民間企業なので、従わざるをえないでしょう。

しかし最近、僕のチャンネルで、ある変化が見られました。これまで、僕のチャンネルでは動画のタイトルやサムネイルに「慰安婦」というワードを使うと動画が不適切とみなされ、それに対し審査をリクエストしても審査が通らず、不適切のままにされていたのですが、少し前にアップした別の慰安婦関連動画は「適切」とみなされたのです。もちろん最初にその動画をアップした時には不適切とみなされてしまいましたが、審査をリクエストしたら、「適切」に修正されたのです。では、なぜ今回の動画は適切と見なされたのか。

まずユーチューブでは特定のチャンネルや動画に対し、運営側にフィードバック

（意見）を送る機能があります。そこで僕はツイッター等を用いて、なぜ真実を語る自分の動画（慰安婦関連動画等）が不適切とみなされるのか、ユーチューブ側にフィードバックを送ってほしいと視聴者の皆様に訴えました。その結果、大変ありがたいことに多くの方々からご協力をいただき、ユーチューブ側の審査が通り、動画が適切へと修正されたのです。

「歴史歪曲禁止法」は新たな「反日法案」

現に、文在寅政権は情報統制を急速に進めています。二〇一九年二月二十一日、韓国当局が民間業者に依頼して、ウェブサイトを遮断するソフトウェアを導入したことが話題になりました。

これは「海外の不法サイトを遮断する目的で導入した」と説明されていますが、それから十日後の三月三日、今度は虚偽操作情報対策特別委員会の朴洸温《パクグアンオン》最高委員がグーグル・コリアに対し、「慰安婦は高額報酬を受け取っていた売春婦」と発言している動画など九本の削除と謝罪を要求しました。

たとえ事実であろうと、韓国を非難するのは「ヘイト」、日本に対する非難は「表現の自由」というダブルスタンダードが韓国のやり方です（日本の多くのマスコミとジャーナリストも同じです）。僕の知っているだけでも、慰安婦関連の動画が五つほど削除されました。それも、動画をつくった本人のものではなく、その動画を気に入ったユーザーが再アップした動画が消されている。これは何を意味するのでしょうか。

ユーチューブは、チャンネルの登録数が多ければ多いほど注目されます。したがって、基本的に動画をつくらず、視聴やコメントをするだけの小さなチャンネルは、良くも悪くもユーチューブ運営側の視野には入りません。ところが、現在の韓国政府は「従軍慰安婦」や「日本統治時代」を肯定するコンテンツに絞ってこまめに探索しています。そのため登録者数にお構いなく片端から動画が削除されているのです。

朴洸温《パクグアンオン》最高委員は「歴史歪曲禁止法」を発議したことでも知られる人物です。本書の冒頭でも申し上げましたが、「歴史歪曲禁止法」とは、二〇一八年十二月に与党の「共に民主党」が国会に提出した新たな反日法案で、韓国でいう日本の植民地時代を賛美、歪曲する団体と個人を刑法で処罰するというものです。具体的には、慰安婦をはじめ、韓国側が主張する日本の植民地支配と侵略戦争行為を否定したりすると、二年以下の懲役または二千万ウォン以下の罰金が科されます。これが適用されたら、僕の動画などひとたまりもありません。

この「歴史歪曲禁止法」も、ユーチューブ動画規制も、韓国ではほとんど公に報道されていません。一応ネットニュースにはなっていますが、五ページほど進まないと見られない個所にあり、まったくと言っていいほど目立ちません。現在の韓国は堂々と報道規制をしているのです。

朴洸温最高委員は韓国では知名度が低く、動画の削除と謝罪要求の騒動以前はまったく名前を聞いたことのない人物でした。彼は自身のユーチューブチャンネルで「グーグル！　大韓民国の歴史を尊重しろ」という動画も投稿しています。反日を利用して知名度を上げようとしている魂胆が透けて見えます。大統領の座でも狙っているのでしょうか。

これまで韓国人は、「中国はネット規制や情報統制、言論弾圧までされて可哀そうに」と中国人に同情していましたが、そんなことは言っていられなくなりました。自分たちの足元に火がつきはじめたのです。

「VANK《バンク》」による韓国政府の世論操作

今の韓国の若い世代は、前述したように「反日歴史教育」を受けてはいても、SNSで最新の情報を手に入れているおかげなのか、とくに「反日」というわけではなく、むしろ日本に対してはいいイメージを持っています。みんな日本のアニメとかゲームが大好きだし、食文化にも興味がある。むしろ「親日派」のほうが多いとさえ感じます。良かれ悪しかれ「歴史問題」などどうでもいいのではないでしょうか。

若者が反日デモを行っているニュース映像が日本でもよく流されるので誤解されている方も多いのではないかと思いますが、実はデモに参加している若者の多くは「韓国大学総学生会連合」という左派団体に所属する学生で、一般学生を装って反日活動を展開する学生活動家です。日本共産党の青年組織である民青（日本民主青年同盟）

や、かつて日米安保条約に反対して国会に突入した（一九六〇年）、新左翼系の「全学連」のようなものだと言えばわかりやすいかもしれません。

一般の若者たちは、反日教育を受けてはいるものの、いい意味でも悪い意味でも政治に関して無関心です。

以前、ソウルの繁華街・明洞《ミョンドン》などで「旭日旗を知っているか」と聞く動画を観たことがありますが、大半の若者は「よくわかりません。日本の悪い旗ですよね？」と答えていました。その程度の認識しかないのです。

にもかかわらず、四十代から六十代の左派勢力の発言ばかりが報道される。それが韓国国民全体の意見であるかのように日本でも思われています。

なぜか。実は、政府によって陰険な世論操作が行われているからです。

多くの韓国人は、国内最大手のインターネット検索サイト「ＮＡＶＥＲ（ネイバー）」のニュース記事のコメントやツイッターなどを通して情報を得ています。ところが、それらのコメントの内容を意図的に操作している団体がある。それが「ＶＡＮＫ（バンク）」という〝民間組織〟です。

VANKはVoluntary Agency Network of Koreaの略で、一九九九年に〝韓国の正しい姿をインターネットを通じて伝える〟ために設立され、「サイバー外交使節団」を自称しています。表向きは民間団体ということになっていますが、政府から資金が出ていますから、実質的には、政府の外郭団体と言っていいでしょう。

主な攻撃目標はもちろん日本です。文在寅大統領が師と仰ぐ盧武鉉《ノムヒョン》政権時代の二〇〇五年からは、国際社会における日本の地位を貶《おとし》めることを目的とした「ディスカウント・ジャパン」運動を提唱し、いよいよ精力的な活動を展開しています。ユーチューブでも日韓の歴史に関する嘘を世界にばらまいていて、時にはサイバー攻撃さえ辞しません。

たとえば「日本海」の呼称を「東海《トンヘ》」に変更せよというメッセージを世界に発信し、海外の記事や番組で「日本海」という言葉が使われると猛抗議して表記を変えさせる。韓国に不利になりそうな歴史や真実を発見すると、十万人と言われる会員たちが一斉に抗議の声をあげ、電話やメール、ネットやSNSのコメントを駆使して国際的な反日活動を行っています。日本の食品の「放射能汚染」やら、慰安婦・徴用工などの「強制連行」やら、ありもしないことを捏造して組織ぐるみ一致団結していやがらせをしているのです。

ところが、韓国人はその存在自体をあまり知りません。一般市民たちはそうしたＶＡＮＫのメンバーの主張をとおして、「ああ、やはり本当はそうだったのか」と納得し、洗脳が広がっていく。

文在寅政権擁護の世論誘導も行っています。コメント欄に文政権に有利な書き込みをするので、必然的に左派系の意見が多くなる。大統領の支持率がそれなりの数字を維持しているのもＶＡＮＫのおかげです。アルバイトまで総動員して文在寅支持の「世論」をでっち上げるのです。

二〇一九年三月に、韓国の最大野党・自由韓国党の羅卿瑗《ナギョンウォン》院内代表が「文在寅大統領は金正恩《キムジョンウン》の首席報道官だ」と発言した際には、ＶＡＮＫは「何を言うか！」とばかり、羅代表を「親日の象徴」と吊るし上げて大悪人に仕立て上げました。

同年の五月には、前述した「国民請願掲示板」に文在寅大統領の弾劾を求める請願が二十万件を超えたのですが、それに関する記事もなぜかほとんど出てこない。明らかにおかしいのが、何十万人もの登録者を持っている複数の韓国のユーチューバーたちが「皆さん、文大統領の弾劾を請願しましょう！」「同意しましょう！」と呼びかけたのにもかかわらず、数字が全然上がってこないことです。その呼びかけだけでも何百万の同意が得られるはずですから、二十万とか三十万件という数字はあり得ない。実際、「あれ？ 俺が同意したときと数字が変わっていない」というコメントも多く寄せられ、数字を操作しているのではないかという疑惑が持ち上がりました。パソコン上でデータをいじろうと思えば、何とでもできる。ＶＡＮＫはそうやって裏でコソコソ言論統制をしているのです。

〝韓国の正しい姿をインターネットを通じて伝える〟と主張する「ＶＡＮＫ」が、韓国人の真実の声をもみ消しているのです。彼らの言う「韓国の正しい姿」というのが、韓国政府に「都合のいい姿」を意味するのであれば、たしかにその主旨に沿った活動でしょう。

韓国の若者は北との統一など望んでいない

　ある単語がグーグルでどれだけ検索されているかを調べられる「グーグルトレンド」というツールがあります。それを使って、たとえば「日本旅行」を検索すると、膨大な検索数が示されます。ところが、韓国語で「慰安婦」と打ってみると、さほど検索されていません。現在の反日ニュース、そしてそれに関するコメントもすべて文在寅政権によって操作されていることがわかります。先述したように、ジョージ・オーウェルが『1984』で描いた、ユートピアとは真逆の全体主義的ディストピアの世界が、中国だけでなく、韓国でも実現しているのです。

　朝日新聞が、吉田清治の「慰安婦強制連行」証言は嘘だったことを認め、謝罪したという事実も、韓国人はほとんど知りません。これは重要でホットなニュースですから、本来ならそれに関連した記事がネットにあふれてもいいはずなのに、まったく情報が出てこない。韓国メディアを文政権が掌握している以上、そこから国民の認識を変えることは、ほぼ不可能に近いのではないでしょうか。

ユーチューブや、日本の「2チャンネル」のような掲示板サイトにはかなりリアルな声が上がっているので、そういう民間の媒体に寄せられるコメントがどんどん拡散していけば、国民の認識も徐々に変わり、国を動かすことができるかもしれません。ところが、すでに述べたように、韓国政府はユーチューブ動画まで規制しようとしています。最初は不適切なアダルトサイトを遮断するという名目でしたが、現在はセキュリティを確保する「https」を遮断して、一人ひとりのパソコンの中身をチェックしようという方向に進んでいます。中国共産党のやり方とまったく同じです。政府に不利な発言をすると、アカウントを突きとめられて、大変なことになるという噂も聞きます。

若い世代を中心に抗議の声が上がると、政府は「いや、われわれは不適切なサイトを遮断しているだけだ」と言い訳をしますが、それならなぜ、一方で北朝鮮のサイトを解放したのか。

もともと北朝鮮のサイトは遮断されていたのですが、文在寅政権になってからは、朝鮮労働党の機関紙「労働新聞」の公式ホームページがオープンになりました。これも文大統領の従北政策の一環でしょう。中国はユーチューブ、ツイッター、インスタグラムなど、海外からの「不都合な情報」をすべてシャットアウトして、自分たちの都合のいい情報のみを公開していますが、それと同じ道のりをいま韓国はたどっています。

「韓国人は北朝鮮との統一を望んでいるのですか」とよく聞かれます。海外からはそう見えるのかもしれませんが、実はほとんどの国民、とくに若者は北朝鮮を心の底から嫌っています。何かと言えば韓国に対して何でもかんでも支援を要求するし、ミサイルは次々に発射するし、一般の韓国人にとっては、独裁者が支配するまったく別世界の謎の国でしかありません。文政権がそういう国を擁護するたびに韓国の国民は恥をかき、世界の笑いものになる。なんでわれわれがこんな目にあわなければならないのかと、国民は怒っています。南北統一なんて誰も望んでいません。

脳内が〝北朝鮮化〟している文大統領

文政権がここまで批判されるのは、経済政策もさることながら、北朝鮮のほうを向いてご機嫌ばかりとっている卑屈な態度に不満を抱いている国民が大多数だからです。これまで「北朝鮮軍は主敵」だということになっていましたが、二〇一九年一月に韓国国防部が発表した「二〇一八国防白書」では、「日本と基本価値を共有する」という表現が消えただけでなく、「北朝鮮軍はわれわれの敵」という文言が削除されました。要するに、日本は友好国ではなく、事実上の〝仮想敵〟と見なす一方で、北朝鮮は敵ではない、融和を図るべきだと言いたいのです。

北朝鮮に対する国民の敵意をやわらげるためにも、現政権は世論操作に必死です。前述したように、「文在寅大統領は金正恩の首席報道官だ」と事実をストレートに言い放った自由韓国党の羅卿瑗《ナギョンウォン》氏に激怒し、VANKを使って猛攻撃したのも、その表れです。

　韓国はすでに北朝鮮のような国になりつつあります、文大統領の頭の中は北朝鮮のことでいっぱいのようです。意識的にそうしているのか、本当に脳内が〝北朝鮮化〟しているのかはわかりませんが、彼は自分の娘夫婦をタイに移住させていますから、もしかしたら統一後に一抹の不安があるのかもしれません。万一、北に呑み込まれたらまずいと内心では戦々恐々なのでしょうか。いや、北朝鮮を〝理想郷〟と考えている文大統領に限って決してそんなことはないと思いますが（笑）。

　実際、韓国は国籍離脱率が異常に高く、いまでも海外に逃げ出す国民は増え続けています。それはつまり、自国に疑問を感じているということにほかなりません。ネット上でも、「ああ、もう移民したい」という冗談めかしたコメントがけっこうアップされていますが、おそらくそれは本心でしょう。脱北者ならぬ〝脱南者〟です。僕もある意味ではその一人なので、気持ちはよくわかります。

　韓国人の中にも、真実に気づいている人はいるのです。「徴用工」や「慰安婦」の嘘を正面から取り上げた李栄薫《イヨンフン》氏・李宇衍《イウヨン》氏らによる『反日種族主義』（日本語訳・文藝春秋刊）が韓国でベストセラーになったのがそのいい例ですが、ネットのコメント欄でも的確な意見は少なくありません。最近、「竹島は日本の領土だ」と主張する韓国人のコメントを見つけました。それに対する反応はもちろん「バッド」が多いのですが、「いいね！」も少なからずありました。わかっている人はわかっている。それなのに、政権の中枢にいる人間たちは、国民の意思を無視して自分たちの主義に合うように操ろうとしている。それに気がつかない人々に対してはちょっとじれったい思いもしています。

ネットまで規制されるようになったら、もうクーデターが起こるのを待つしかないのかな、と悲観的な気持ちになることもあるほどです。

第3章

「反日」という「我が国幻想《ウリナラファンタジー》」

竹島は李承晩大統領が強奪した

韓国が主張する「慰安婦問題」や「徴用工問題」について僕が詳しく知るようになったのはここ数年のことです。

韓国では何かにつけて「極悪非道」な日本人による「植民地支配」の話が出ます。その資料として、日本軍が自称徴用工や自称慰安婦を強制連行したり、不当な拷問、処刑を行っているイラストが教科書にも載っていて、その悲惨さを伝える資料館も数多く存在します。西大門《ソデムン》刑務所歴史館や天安《チョナン》独立記念館などあらゆる施設で「日本軍が行った」とする悪行が絵画や可動式の蝋人形などで、あたかも実際に存在した場面のように〝再現〟されています。釜山には数十億円という巨費を投じて新たな慰安婦資料館「民族と女性」が建てられ、「植民地支配」のネガティブ・キャンペーンはいまもとどまるところを知りません。

そこで僕は、「日韓併合」時代について調べてみることにしました。すると、日韓併合の「ビフォア・アフター」のような当時の写真には、日本統治によって生まれ変わった朝鮮の姿がありました。日本の朝鮮半島への莫大な投資によって、道路ができ、近代的なビルが建ち、インフラが整備され、教育や医療制度がいきわたって、〝古代〟のままだった貧しい朝鮮は文字どおり〝近代〟日本と遜色《そんしょく》のない姿に生まれ変わった。それは当時の写真を見れば一目瞭然でした。

犯罪も減り、病死者の数も激減した統計を見て、僕は日本統治は決して「植民地支配」ではなく、本当に朝鮮は日本と「一つの国」になったのだと実感しました。

もちろん、それらは単なるネット情報ではなく、日本の国立国会図書館のデジタルライブラリーなどで、デジタル化されたかつての公式文書を閲覧して知ったことです。当時の漢字やカタカナ、文字表記が難しくて苦労したのですが、何とか読みこなすことができました。

そうして「日本統治時代」の実態を知り、また「慰安婦」や「徴用工」など、韓国の政府が喧伝し、学校で教えていることは嘘ばかりだということがわかったのです。すべてが嘘と言っても過言ではありません。

これは戦後の資料ですが、昭和四十一年（一九六六）五月に日本の海上保安庁が公表した『海上保安庁の現況』を国会図書館デジタルライブラリーで読んで、僕は愕然《がくぜん》としました。

その内容をご紹介する前に、これは「竹島問題」に関することなので、前置きとして言っておかなければならないことがあります。

竹島は正真正銘、日本の領土です。

日本は江戸時代から竹島の領有権を持っていました。明治三十八年（一九〇五）には竹島が島根県に編入される閣議決定がなされます。しかし、昭和二十年（一九四五）の敗戦によって、日本は日清・日露戦争で得た領土の返還を求められ、朝鮮も手放さざるを得なくなり、結果的に韓国は独立を果たしました。この機に乗じた韓国の初代大統領・李承晩《イスンマン》は「竹島は韓国の領土である」と主張し、アメリカ（連合国）に「返還」を要求します。これが「竹島問題」の始まりでした。

ちなみに李承晩はアメリカの大学を卒業し、日韓併合（明治四十三年＝一九一〇）の翌年、アメリカに亡命。日本の敗戦を機に朝鮮半島に帰国しています。つまり、日韓併合時代の母国をまったく知らない人物です。

さて、李承晩大統領の「竹島返還」要求に対して、サンフランシスコ講和条約を起草中だったアメリカは昭和二十六年（一九五一）、「竹島はもともと日本の領土であるから、韓国の主張は認められない」と文書で回答しました（「ラスク書簡」）。これに腹を立てた李大統領は翌年、竹島を含む海上に勝手に「李承晩ライン」なるものを引いて自国の排他的経済水域とし、武力を用いて竹島を実効支配してしまいます。

「李承晩ライン」とは「韓国と周辺国との間の水域区分と資源と主権の保護のための海洋境界線」を指し、韓国では、これを「平和線」と呼んでいます（実際は〝平和を乱す線〟だったのですが、これは昭和四十年〈一九六五〉、日韓基本条約の一環である日韓漁業協定が締結されるまで続きました）。それまでは

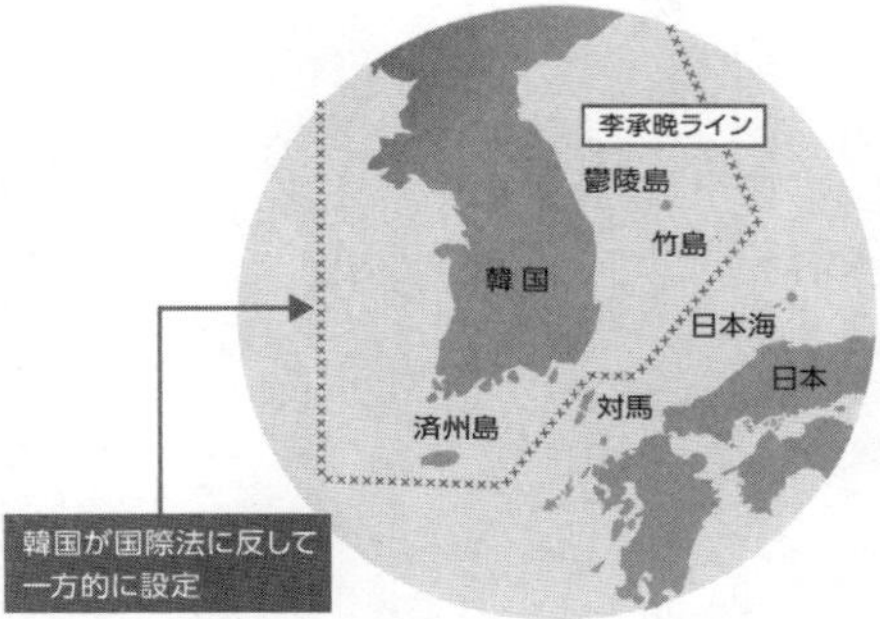

〝平和を乱す線〟李承晩ライン（外務省ホームページより）

アメリカが日本漁業の操業区域として「マッカーサー・ライン」というものを設定していたのですが、サンフランシスコ講和条約の発効によって無効化するのをいいことに、アメリカの反対を無視して強引に境界線を引き、竹島を強奪しただけでなく、「李承晩ライン」を超えた日本の漁船を片端から拿捕《だほ》し始めました。

いや、それは「拿捕」というようななまやさしいものではなく、武力攻撃による、ほとんど拉致に等しい暴力行為だったようなのです。

僕はこの件についてくわしく調べる必要性を感じ、日韓間の戦後の補償問題が一段落した日韓基本条約（一九六五年）締結後の海上保安庁関係の資料を漁ってみたところ、国会図書館デジタルライブラリーで、韓国はもちろん、日本のメディアも今ではほとんど報じられることのない、とんでもない事件が記されている資料を発見したのです。それが前述の昭和四十一年（一九六六）刊行の『海上保安庁の現況』でした。

韓国は日本人殺害を公式謝罪せよ

その事件について、今では日本人でも知っている方が少なくなっているのではないかと思われるので、少々長くなりますが、『海上保安庁の現況』からポイントとなる部分を以下に引用します。（原文ママ。傍点と〈　〉内はＷＷＵＫによる補足）

〈サンフランシスコ講和〉条約の発効〈昭和二十七年〉までに韓国海軍および内務部海洋警察隊によりだ捕されたわが国漁船は３２７隻に及び、うち３隻は連行中に沈没し、１８２隻は没収されたままとなっている。また、乗組員は３０１１人が抑留された。船舶だ捕等の直接の被害のほか、だ捕による経営の困難や、働き手を抑留された家族の苦痛など有形無形の損害は大きなものであった。

巡視船は韓国警備艇の動静を監視し、これが出動するや附近で操業中の漁船に対し警報を発し避難させた。警備艇が漁船を追跡したときは、巡視船は現場に急行し、煙幕をはりあるいは警備艇と漁船との間に入り、ときには漁船を横抱きし、また漁船員を巡視船に移乗させて漁船をえい航するなどでき得る限りの方法を講じてだ捕の防止に努めた。警備艇にだ捕されるに至らなかったが追跡を受けた漁船は、〈昭和〉34年以来でも196隻にのぼるが、このなかには、巡視船のこのような果敢な行動により だ捕を免れたものが少なくない。警備艇の乗員は時には巡視船がえい航中の漁船に移乗し、ロープを切断し、これを連行することもあった。あるいはだ捕を免れようとする漁船に対して銃撃を加えたことも再三であり、保護に向った巡視船にも銃撃を加えることがあった。このような韓国警備艇の不法な行動に対し、巡視船は日韓間の国交の正常化を期待して隠忍自重し、警備艇の銃撃を受けて乗組員が危険にさらされても実力を行使することなく、あくまでも警備艇との紛争を避けつつ漁船の脱出に努めてきた。また、不幸にして漁船がだ捕されたときは、警備艇に対してねばり強くその不法を訴え、釈放を要求し、事態の平和的解決に努力してきた。

引用の途中ですが、サンフランシスコ講和条約締結前に、すでにありえないことが起こっていたことがわかります。武器を持たない民間の漁船にも、日韓国交正常化のために実力行使を控えてジッと我慢している日本の警備艇にも、韓国は容赦なく銃撃を浴びせているのです。韓国は「日本の蛮行」をいったいどの口で言うのかという話です。

「李承晩ライン」が引かれてからは、いよいよやりたい放題になります。

韓国による日本漁船のだ捕は、〈昭和〉22年から始まっているが、当時わが国は連合国の占領下にあり、連合国軍の設定したいわゆるマッカーサーラインをこえて日本漁船が操業することは禁止されていた。韓国による日本漁船のだ捕はマッカーサーラインの越境を主たる理由としていたものと思われる。22年から26年までの間に韓国にだ捕された日本漁船の隻数は計94隻であるが、うち9隻がいまだ帰されていない。なお〈昭和〉26年には、朝鮮動乱の発生に伴い韓国の警備が強化されたため、1年間に45隻という多数の漁船がだ捕されている。

平和条約の発効に伴って、それまで日本漁船の操業区域を制限していたマッカーサーラインの撤廃が予測されるや、韓国の李承晩大統領は、〈昭和〉27年1月18日海洋主権宣言（いわゆる「李〈承晩〉ライン」宣言）を行ない、同ライン内で操業する日本漁船を李ライン侵犯を理由にだ捕し始めた。このため、27年以降もだ捕事件の発生が続き、なかには漁船の乗組員が銃撃されて死亡するというような不幸な事件も起こった。なお、27年以後40年までにだ捕された漁船は２３３隻あったが、うち帰されたものはわずかに49隻で、27年以降のだ捕は26年以前と様子を異にしている。

なんと、日本漁船の乗組員が「銃撃されて死亡」しているのです。もはや言葉もありません。昭和二十二年から日韓基本条約が結ばれる昭和四十年までの十九年間、韓国は日本漁船を拿捕し、日本人を殺害していたのです。「殺害」という言い方はストレートすぎるかもしれませんが、事実です。十九年の間に、韓国によって日本人は八人も殺害されているのです。まさに驚愕するしかありません。

『海上保安庁の現況』には、「外国船による密輸はそのほとんどが韓国船によるものであって、船内に設けられた密室や積み荷の間に隠匿して行われている」という記述もあります。日本漁船を〝違法操業〟として銃撃する一方で、密輸までしまくっている。もうメチャクチャとしか言いようがない。

韓国は、竹島は韓国固有の領土だとバカなことを言う前に、一方的・独善的な主張

第71表　韓国による日本漁船のだ捕状況の推移

（40年12月31日現在）

年別＼区分	だ捕		帰還 A		帰還 B		事故（沈没，死亡等）		未帰還		備考
	隻	人	隻	人	隻	人	隻	人	隻	人	
昭和21年											
22	7	81	6	81	6	81			1		
23	15	202	10	202	2	53			5		
24	14	154	14	151	14	220		3			
25	13	165	13	165	21	245					
26	45	518	42	518	42	518			3		
27	3	37	3	36	3	36		1			講和発効前
27	7	95	2	95		63			5		講和発効後
28	47	585	2	584	4	549		1	45		
29	34	454	6	453	6	289		1	28		
30	30	498	1	496	1	39		2	29		
31	19	235	3	235	2	23	1		15		
32	12	121	2	121	3	70			10		
33	9	93		93		922			9		
34	10	100	2	100	2	21			8		
35	6	52		52		253	1		5		
36	15	152	11	152	10	141			4		
37	15	116	4	116	5	100			11		
38	16	147	13	147	13	174			3		
39	9	99	7	99	7	99	1		1		
40	1	7	1	7	1	7					
合計	327	3,911	142	3,903	142	3,903	3	8	182	0	

韓国による日本漁船の拿捕状況の推移（海上保安庁『海上保安庁の現況』より）

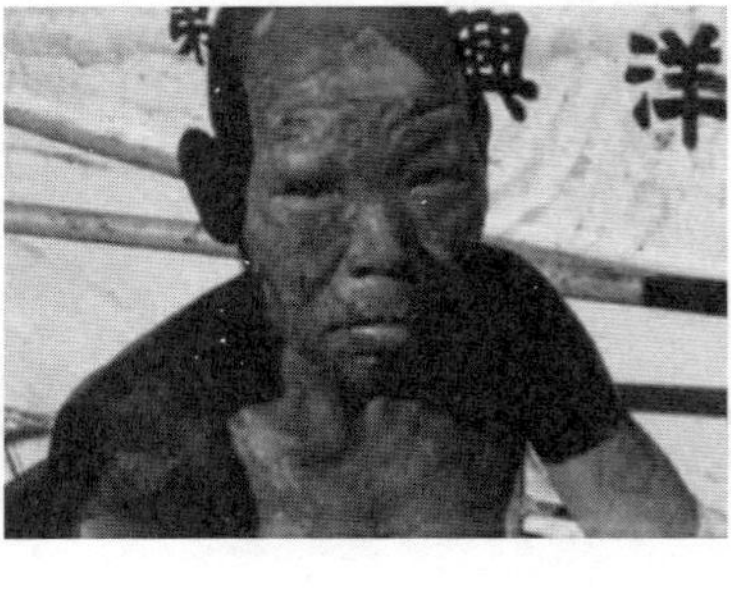

李承晩ラインを超えたとして半島に強制連行され顔を焼かれる拷問を受けた日本の第三興洋丸乗組員の写真（韓国のニュース映像が出所とされる）

の下に罪のない日本人を殺害したことに対して公式謝罪し、損害賠償をすべきではないでしょうか。韓国人の僕が言うのもおかしな話ですが、韓国のやっていることは昔から北朝鮮と変わらない。いや、それ以下かもしれません。

国際司法裁判所に「単独提訴」を

韓国のあまりの非道さと残忍さに心乱れて熱くなりすぎてしまったようです。失礼いたしました。冷静さを取り戻したうえで、日本政府に対して僭越《せんえつ》ながらひとこと言わせていただきたいことがあります。

こうした領土問題は当事国同士で解決することが難しいことは承知しています。ですから、ぜひ国際司法裁判所（ＩＣＪ）に提訴して決着をつけていただきたいのです。もちろん、日本政府が単独で訴訟を起こしても、韓国政府が応じなければ裁判は開けません。韓国政府は「竹島に関して領土問題は存在しない」という意味不明の口実で、「共同提訴」という日本の申し入れを拒否しています。それでも、単独で提訴すれば、

ＩＣＪは韓国に対して裁判への出席を強制できる。ただ、韓国がそれに従わなければ、国際法上、いつまでたっても裁判は開けません。

とはいえ、日本には、竹島に関してこれほど多くの資料と証拠があるのですから、それをもとに、韓国に対してもっと強硬な態度に出られないものでしょうか。日本は毎年のように韓国に「共同提訴」を申し入れていると一部の方は言いますが、実情はまったく違います。竹島が所属する島根県の公式サイトをご覧になればすぐわかることですが、日本政府が韓国政府に「共同提訴」をもちかけたのは昭和二十九年、昭和三十七年、それに平成二十四年の三回しかありません。

何度も何度もしつこく申し入れたうえで、それでも韓国が拒むようなら、単独提訴もやむを得ないと思います。仮に裁判が開けなかったとしても、日韓間に「領土問題は存在する」こと、その平和的解決のために日本が努力していることを国際社会にアピールできます。さらに、万一の場合、ＩＣＪの命令を無視した韓国の責任であることがはっきりするのではないでしょうか。

韓国では、島根県が制定した「竹島の日」（二月二十二日）に対して毎年、「竹島の日」

を今すぐ廃止せよと抗議デモを繰り返しています。一方の日本では、島根県知事の再三の要望にもかかわらず、「竹島の日」記念式典に担当大臣も出席していない状況です。せめて副大臣なりとも顔を出すべきなのに、二〇一三年までは政府関係者は誰一人として出席していませんでした。初めて出席したのは内閣府大臣政務官の島尻安伊子氏で、以来、内閣府大臣政務官の出席が慣例になっています。

日本を愛する者の一人として、もっと「竹島は我が領土」であることを国内外にアピールしていただくことを願うばかりです。

「売春婦とは何だ！」

韓国には、国会図書館のライブラリーのような当時の学術的かつ客観的な資料は、僕が知る限り、少なくとも公開されているものはありません。

資料館と称するものがあるにはありますが、すべてが事実を歪曲した展示ばかりで、蝋人形の前に「これは何年何月、日本軍がこういう残虐な行為をしているところです」

と書かれたパネルがあるだけで、史料的なものはまったく示されていません。完全に捏造されたフィクションです。出来の悪いドラマのワンシーンのようなもの――と言ったら、ドラマの美術担当者に失礼かもしれません。二〇一九年五月七日にユーチューブで配信された「虎ノ門ニュース」が紹介していた、朝鮮問題研究家の松木國俊さんがご自身で撮影された反日資料館の写真を見ると、僕が行ったころと比べて蝋人形のクオリティが格段に上がっていましたが（笑）。ちなみに、ワックから刊行された松木さんの『恩を仇で返す国・韓国――韓国を救った「日韓併合」』はおすすめの一冊です。

こういったところでは、写真史料も展示されてはいますが、信用できないものばかりです。朝鮮人「徴用工」だといってニューヨークのタイムズスクエアにも掲げられた写真が実は戦後の日本人炭鉱夫だったり、教科書に載っている「強制労働に徴用された我が国の国民」という写真も実は日本人労働者だったり、それをもとに徴用工の銅像までつくってしまったり、もうメチャクチャです。

「慰安婦」は慰安所に閉じ込められたままだったとか、尖った槍のようなものを敷き詰めた箱の中で転がされて拷問されたとか、そういった絵画も展示されています。そういった話はもちろん根も葉もない大嘘ですから、間違えようにも偽造しようにも元になる写真がないので、絵に描くしかありません（笑）。

慰安婦に関してはどうしても「性」というデリケートな問題につながります。韓国では女性たちがむりやりレイプされたと認識しているので、日本が彼女たちを「売春婦」と呼ぶことに我慢ならないのです。とくに、もともと儒教国だった韓国は、二〇一五年まで「姦通罪」が存在していたほど「性」に関しては神経質な国柄ですから、女性に対する侮辱だということですね。

事実上はたしかに売春婦なのですが、ただ、自らの意思で慰安婦になった女性がいる一方で、親にだまされて朝鮮人ブローカーに売られた女性たちも大勢います。

彼女たちは疑いもせず、売られたことにも気づかない。「どこかに就職できる」と喜んでついていき、その先に慰安所があった。どれだけ働いても、金銭は親に渡ってしまうので、本人は一銭ももらえません。そうすると、自分が親にだまされたことも、同胞に売られたことも知らないわけですから、「日本軍に強制的に性奴隷にされた」と思い込む。そういう元慰安婦の方もいるのかもしれません。その方々が、自分を売春婦呼ばわりする日本は人の道に外れていると声を上げるのはやむを得ないことかもしれません。ただ、その怒りを政治的に悪用している人たちがいるのがいちばんの問題です。その虚言にのせられて事実を知ろうとせず、感情が先に立つ国民性も厄介です。

たとえば、「慰安婦」は職業だった、月給三百円で、しかも三千円まで前借りできたから、かなりの高収入だったと発言した僕の動画に、韓国人視聴者から「そんなわけないだろ！」という怒りのコメントが寄せられました。やっぱり来たか、と当時の慰安婦募集の新聞広告を見せても、「そんなに金をもらえるはずがない」と、まったく信用してくれないのです。

いくら当時の実際の証拠を見せたところで、信じない。感情論というより、事実を事実として受け止められないのです。そこまで洗脳されている理由が、同じ韓国人でありながら、まったくわからない。

個人でやっているブログなどに、稀に本当のことが書かれていることもあるのですが、それに対するコメントも、やはり信じられないというものがほとんどです。半信半疑のコメントにしても、「部分的にはそうかもしれないけれど、でも、全体としてはこうなんじゃないか」と、結局、学校で教えられた内容から抜け出せないでいるのです。

先ほど韓国人は性に対して神経質だと言いましたが、とはいえ、韓国軍もかなり悪いことをしているのです。ベトナム戦争に派遣された韓国兵と現地のベトナム人女性との間に生まれた子供、いわゆる「ライダイハン」の中には、強姦されて生まれた子もいる。一九五〇年代の朝鮮戦争では、それこそ韓国人慰安婦をドラム缶に入れて持ち運び、「第五種補給品」という名目でアメリカ兵に供給していたという話もあります。日本軍の慰安婦だけをやり玉にあげて世界中に言いふらしているのは、自分たちの不都合な過去から世界の目をそらせるためかもしれません。

捏造された〝悲劇の壁文字〟

慰安婦問題で十分に賠償金を取ったからでしょうか。次に韓国政府が目をつけたのが「徴用工」です。

一九七四年に福岡・筑豊炭田の朝鮮人寮の廃墟から、壁に刻まれた文字が発見されました。それは炭鉱に強制連行されてきた十四歳の少年が刻んだものとされ、そこにはハングルで「お母さんに会いたい／おなかがすいたよ／故郷に帰りたい」と書かれていたのです。

これは日本でも大々的に報道されたそうですが、韓国のマスコミは日本人の残虐性を表す「強制連行の悲劇のシンボル」としてこの〝壁文字〟を拡散し、一時期、ソウルの独立記念館に模型が展示されていただけでなく、教科書にも掲載され、強制連行の証拠として定着しています。

ところが、これが捏造だったことはすでに明らかになっています。福岡の地元紙「西日本新聞」が調査したところ、これは朝鮮総連傘下の在日本朝鮮文学芸術家同盟が一九六五年に制作した映画『乙巳《いっし》の売国奴』のスタッフが〝演出〟のためロケ中に刻んだものであることがわかったのです。

二〇〇〇年一月三日付の同紙には現場にいたスタッフの証言が掲載されています。

捏造された〝悲劇の壁文字〟

映画『乙巳の売国奴』スタッフが〝演出〟のため壁に文字を刻んだ筑豊炭田の朝鮮人寮の廃墟

それによると、ロケに訪れた朝鮮人寮跡には、当然ながら強制労働を示す証拠もなく、これといって撮るべきものがなかったので、監督の指示により「死と隣り合わせの過酷な労働、国を奪われた者の望郷の念を代弁」するために録音担当の女性が刻んだものだと言うのです。「そのときは深く考えていなかったが、演出が事実のように広まっているのでこれはまずい、本当のことを明らかにしたほうがいいと思った」とそのスタッフは語っています。

　ところが、この証言の後も、〝壁文字〟の写真は教科書に掲載され、公共放送や新聞で繰り返し事実として紹介され続けています。たとえば、韓国の公営教育専門放送局ＥＢＳは

朝鮮人強制連行〝悲劇〟のシンボル

慟哭の壁文字「演出」だった

福岡・筑豊炭田

映画のロケで刻む　元スタッフ証言

演出が独り歩き よくない

元スタッフ 心境語る

「重い事実」象徴化

壁文字の嘘を暴いた西日本新聞（2000 年 1 月 3 日付）の記事

二〇一四年十二月十八日放送の教養番組『e歴史チャンネル』導入部にこの写真を使い、ハンギョレ新聞や朝鮮日報などは長崎・軍艦島の強制連行問題に関連させて取り上げているのです。

ちなみに、映画『乙巳の売国奴』が制作された一九六五年は「元徴用工」への〝賠償金〟も含め、戦後補償をすべて清算するものとして韓国に五億ドルを供与した日韓基本条約が結ばれた年です。韓国人ジャーナリストの崔碩栄《チェソギョン》氏によれば、日韓国交正常化を推進し、日本との和解を目指した当時の朴正熙《パクチョンヒ》政権を「売国奴」として糾弾し、日韓基本条約締結を妨害するために北朝鮮の指示のもとで映画『乙巳の売国奴』はつくられたといいます。北朝鮮の指示だとすれば、文在寅大統領はいよいよ〝壁文字〟の捏造を認めるわけにはいかないでしょう（笑）。

あなたも「元徴用工」遺族になれる！

二〇一七年に韓国映画『軍艦島』が公開された際、韓国マスコミはこの〝壁文字〟

を軍艦島に関連付けて映画の宣伝に使用し、意図的なミスリードを行いました。あたかも軍艦島の宿舎で書かれたかのような印象を与えたのです。

ご存じのように、二〇一五年、長崎市の端島《はしま》炭坑（軍艦島）を含む「明治日本の産業革命遺産」がユネスコの世界文化遺産に登録されました。これに対して韓国で猛反発が起き、軍艦島は、強制連行した朝鮮人を奴隷のように働かせた「地獄島」だったという虚偽を世界に広めようとしました。強制連行の証拠として戦後の日本人炭鉱夫の写真をニューヨークのタイムズスクエアに掲げたのもその一例です（前述）。映画『軍艦島』もその一環として制作されました。

映画は、朝鮮人徴用工たちが〝地獄の島〟から命賭けで脱出するという内容ですが、もちろん史実とはかけ離れています。実際の端島（軍艦島）は、日本の近代化を支えた炭鉱の一つで、鉄筋コンクリートの集合住宅が建ち並び、労働こそ過酷だったものの、教育、医療、商業娯楽施設など、福利厚生も充実していました。

軍艦島の研究・取材を続け、元島民の聞き取り調査も行った前出の松木國俊氏は、「朝鮮人と日本人労働者との給料差別はなかった。『給料がいいから』という理由で日本国内の別の炭鉱から移ってきた朝鮮人労働者もいた。朝鮮人向けの遊郭まであった。ほとんどの朝鮮人労働者は徴用ではなく、日本人労働者と同じようなアパートに家族と暮らしていた。日本人と朝鮮人の子供たちは学校で一緒に机を並べて学び、待遇差は一切なかった。終戦後に朝鮮人労働者が帰国する際には、涙を流して別れを惜しんだ」と語っています。

それが軍艦島の実態でした。映画『軍艦島』で描かれている〝地獄島〟どころか、天国とは言わないまでも平和な島だったことがうかがわれます。たしかに、地下を掘り進む炭鉱の仕事は過酷な重労働ですが、それは日本人労働者も同じです。

前述した『反日種族主義』の著者の一人、李宇衍《イウヨン》氏のように、この映画は事実と異なると批判した韓国の研究者もいます。ところが皮肉なことに、同じ理由で、映画『軍艦島』は公開後、韓国国内で総スカンを食いました。

日本軍よりも「親日朝鮮人」が悪玉になっているために、日本軍が朝鮮人を虐待したという〝史実〟を無視しているというわけです。朝鮮人「徴用工」の脱出劇がクライマックスになっているのも、あまりにエンターテインメントに偏りすぎ、期待していた「反日」色が薄く、むしろ日本びいきのつくりになっているのではないかとも非難されました。そのせいで、制作会社の社長は韓国の映画協会から追放されてしまったほどです。結局、この映画は「反日色が薄いから〝史実〟ではない」ということになって、興行的にも大失敗に終わりました。

一方で、もう、こういう反日映画は止めたほうがいいという意見もかなりありました。韓国ではずっと以前から、反日を煽ることによって愛国心と同胞意識をかきたてて観客動員拡大を狙う映画が作られているので、さすがに若者たちはそういう作品にあきあきしているのです。

そもそも、朝鮮人強制連行というデマが広まるきっかけとなったのは、一九六五年四月、日韓基本条約の締結直前に出版された、朴慶植《パクキヨンシク》という元朝鮮大学校の先生が書いた『朝鮮人強制連行の記録』（未来社）でした。映画『乙巳《いつし》の売国奴』が制作されたのと同年の刊行で、やはり日韓の歩み寄りを阻止しようとする北朝鮮のプロパガンダ本だったと言えるでしょう。

「一度合意したからと言って、すべてが終わるわけではない」と言い放った文在寅大統領は、韓国の大法院（最高裁）が日本企業に損害賠償を命じた「徴用工判決」を黙認して、国際条約である日韓基本条約さえ無視する構えです。最後まで日韓基本条約に反対していた北朝鮮の「偉大なる首領様」金日成《キムイルソン》国家主席も、さぞかし草葉の陰でお喜びだと思います。

文政権の現在では、自称徴用工の遺族を募集するサイトがあり、応募すれば誰でも徴用工の遺族になれる状態です。当人ならまだしも、遺族が金銭を要求するのはおかしな話です。そもそも日本は日韓基本条約で〝賠償金〟を出しているのですから、お金がほしければ、韓国政府に支払いを求めるのが筋ではないでしょうか。

「反日」と「まともな意見」のせめぎ合い

行き過ぎた「反日」に反対する団体も、もちろん存在しています。ただし、「親日」というわけではありません。反日よりも経済を何とかしろというスタンスです。文政権があまりにひどいので、日本に目を向ける余裕がないというのが本当のところでしょう。

保守系の自由韓国党は、基本的には反北朝鮮・親米で、羅卿瑗《ナギョンウォン》院内代表は文大統領や曺《チョグク》国前法相を鋭く批判してはいますが、「親日派」と見なされると支持率に影響するので、そこは慎重にならざるを得ない。現に、羅代表は韓国では苗字に安倍総理の「べ」を足して「ナベ」と揶揄されています。実際には二〇一六年に「国会独島訪問団」の団長として竹島に上陸していて、必ずしも「親日」とは言いにくい方なのですが。

ただ、羅卿瑗氏は「日本だけを責めるのではなく、韓国は自分たちを見つめなおす必要がある。経済問題をはじめ、多くの課題を自分たちで解決すべきだ」としごく真っ当な主張をしています。親日か反日かに関わりなく、韓国のことを親身になって考えています。日本では美人だということで話題になったりしたことがありますが、彼女のそうした姿勢が国民の支持率を集めているのです。

朴槿恵《パククネ》前大統領が弾劾されて大統領の座を失ったときには「セウォル号事件」への対応の遅れや友人・崔順実《チェスンシル》の国政介入疑惑などがあって国民の怒りが噴出し、政権崩壊に至りました。疑惑だらけの曺《チョグク》国氏を強引に法相に任命したことが批判を浴びてはいるものの、文在寅大統領自身にはいまのところ朴槿恵前大統領のようなわかりやすいスキャンダルがないので、弾劾集会が盛り上がりを見せるなかでも、なんとか持ちこたえている状態です。

また、韓国青瓦台のサイトにある「国民請願掲示板」の弾劾請願が二十万件を超えても、あの制度はただ請願に「対応」するというだけで、必ず実行しなければならないという義務はありません。そんな中、二〇一九年十月十四日、曺国《チョグク》氏が法相に強行任命されてから僅か三十五日で、突如自ら辞任を表明しました。彼は自身の声明文の中で「これ以上、私の家族のことで大統領様と政府に負担をかけてはいけないと判断しました。私がこの座から降りてこそ、検察改革の成功的な完遂が可能になると思います」と話しました。

あくまでも個人的な意見ではありますが、曺国氏が辞任したのは文大統領の支持率と関係しているのではないかと思います。「韓国ギャラップ」が二〇一九年十月十八日に発表した世論調査結果によると、文大統領が曺国氏を法相に強行任命してから文大統領の支持率は二〇一七年五月の就任以降、初めて三〇％台まで下落しました。反日政策も徐々に効果が薄れてきており、現に韓国国民は「反日をやる暇があったら経済を生き返らせてくれ」と文政権を猛批判している状態です。このようなこともあったためか、文政権への不平・不満から、「親日」とはいかないまでも、「日韓併合は植民地支配ではなかった」「慰安婦は売春婦で、公認された慰安所で高額な給料をもらっていた」など、いわゆる慰安婦問題や徴用工問題をはじめとする「歴史の真実」に目を向けようとする人々が確実に増えつつあります。そういう意味では、むしろ文大統領に感謝すべきかもしれません（笑）。

その顕著な例として、前述した李栄薫《イヨンフン》氏編著の『反日種族主義』が韓国でベストセラーになったことがあげられますが、その著者の一人、李宇衍《イウヨン》氏は、二〇一九年六月五日にソウルの光化門広場前で徴用工や慰安婦像の設置に反対する集会を開き、「韓国で教えられている慰安婦や徴用工の話は全くのウソだ」と約一時間半にわたって訴えました。

李宇衍氏は同年七月二日にもジュネーブの国連本部でシンポジウムを開き、「歴史を歪曲する韓国と日本の研究者・ジャーナリストは無責任な言動を改めるべきだ」と世界に向けても声を上げています。

延世《ヨンセ》大学の柳錫春《リユソクチユン》教授は講義中に「慰安婦は売春婦の一種で、日本が強制連行したという記録はない」「日本は直接的な加害者ではない」と発言して、国民から袋叩きにあい、検察に告発される騒ぎになりましたが、教授本人は「非がないのに謝罪はできない」「(『反日種族主義』の)李栄薫《イヨンフン》氏の主張にも説得力がある。これは学問と良心の自由だ」と一歩も引かない構えです。さらに、「中国と親しいよりは日本と親しい方がより良いという意味では、私は間違いなく親日派だ」とも語っています。

インターネット上では二十代や三十代の声が中心にアップされていますが、韓国の街中を歩いていると、四十代や五十代の国民も文大統領に反発するデモに参加しており、中にはテントを張って連日参加している人もいます。彼らからは「反日ばかりで韓国政府は何をやっているんだ」「韓国政府は感情で外交している」といった韓国国民の本当の声を聞くことができます。

要するに、「まともな意見」がやっと出てきたということです。それはけっして韓国の保守派や大企業に限ったことではなく、左派の中にも韓国政府への不信感や懸念が広がっている証しと言えるでしょう。

二〇一九年九月に行われた世論調査では、曺国法相任命への批判から、文大統領の支持率は「リアルメーター」による調査で四三・八％、「韓国ギャラップ」の調査で四〇％と過去最低を記録（九月時点で）しましたが、それすら一概には信用できません。実際にはもっと低いのではないでしょうか。韓国を代表するウェブサイト「ＮＡＶＥＲ」で曺国氏への応援コメントが検索ランキング一位を占めるに至っては、信じろというほうが無理というものです（笑）。

「ＶＡＮＫ」による世論操作についてはすでにお話ししましたが、文政権の支持率には疑うべき点が多々あります。

支持率を改竄《かいざん》しているとまでは言わないにしろ、文政権に否定的な意見以外はすべて賛成意見として加算したり、調査の質問が明らかに賛成意見を引き出そうとする「誘導尋問」のようであったりと、巧妙に数字を操作しています。現に、「リアルメーター」社の数字は最低支持率を記録した一週間後には、これと言った理由もなく四五％に上がりました。

世論調査は電話で行われます。そこではランダム調査と言いながら、自分たちに都合のいい意見を持つ人々に電話をかけるのが通例で、また、応答しなかったり回答を拒否すると普通は「その他」に数えられるところですが、それも「否定していない」という理由で賛成意見に加えられるのです。

日本でも話題になりましたが、韓国のある世論調査では「文政権を支持する」と答えた人が半数近くにおよんだものの、支持理由の一位は「わからない」「答えたくない」という意見でした。これらの意見が「支持」でないことは誰が見たって明らかです。なぜこれが肯定的な意見として加算されてしまうのか。

それこそが言論弾圧を進める文政権下の韓国の世論調査会社の実態です。ほとんどの韓国国民は世論調査の数字を信じていません。

「天皇」が理解できない

二〇一九年五月一日、元号が「令和」に変わりました。日本で初めて改元を体験して、なんとも言えない感動を覚えました。とても素敵な元号だと改めて思います。

韓国のウェブサイト「NAVER」でも令和関連の記事がひっきりなしに更新されました。「あれ、韓国人ってそんなに日本の元号に興味があったかな」と首を傾げたほどでした。

これまでの元号は中国の古典からとられていましたが、ご承知のように「令和」は、現存する日本最古の和歌集『万葉集』の巻五、「梅花の歌《うめのはな》」三十二首の序文に典拠しています。「安倍総理の国粋主義を反映するもの」と指摘する海外のメディアもありましたが、自国の元号を自国の古典からとるのは当然のことで、むしろそのほうが自然ではないでしょうか。

韓国でも、一部の海外メディアに便乗して、「令」という字は「命令」の「令」であり、「零」と同じ発音で「零戦」を連想させるという声が上がり、「軍国主義化の表れ」であるとか、「大日本帝国復活の第一歩」であるとか「再び韓国の侵略を狙っている」とか、飛躍した批判――というより突拍子もない意見もありました。

日本は初代神武《じんむ》天皇の建国からおよそ二千六百八十年、左派の学者からも実在が確実視されている継体《けいたい》天皇から数えてさえ、千五百年以上も続く伝統ある国です。それに比べ大韓民国の建国は一九四八年。まだ七十年ほどで、しかも、それ以前の半島の歴史とは切り離されてしまっています。一九一〇年の日韓併合で消滅した李朝の時代まで、「皇帝」といえば中国に成立した王朝の君主を指し、自国の君主はそれより格下の「王」にすぎませんでした。だから、日本に「皇帝」と同格の天皇が存在することが〝謎〟でもあり、許せないことでもある。だから天皇を「日王」と呼ぶのです。

多くの韓国人は天皇が日本人にとってどれだけ重要な存在なのか理解できない。歴史の真実を知らないのですから無理からぬことではありますが、「天皇」や「皇室」について、まったく無知なのです。お恥ずかしい話ですが、僕も日本に来てしばらく経ってから、天皇家について勉強させていただきました。

一方で韓国では、譲位された上皇陛下に対しては「平和主義者」として、特別な存在であると認識されています。

というのも、日本政府主催による二〇一七年の全国戦没者追悼式において、上皇陛下は「ここに過去を顧み、深い反省とともに、今後、戦争の惨禍が再び繰り返されないことを切に願い、全国民と共に、戦陣に散り戦禍に倒れた人々に対して、心からの追悼の意を表し、世界の平和と我が国の一層の発展を祈ります」とご発言されました。韓国人は、この発言を「謝罪」と受け止めています。だからこそ、上皇陛下のイメージは非常にいい。

にもかかわらず、文喜相《ムンヒサン》国会議長はご譲位前の上皇陛下を「(日王は)戦争犯罪における最大の犯人の息子」と言い放ち、「五月に退位する前に、慰安婦たちに謝罪を伝えるべきだ」と発言しました。これは上皇陛下と昭和天皇に対する侮辱であり、絶対に許されることではありません。文議長は〝知日派〟と言われているそうですが、この発言は彼の無知によるところが大きいと思います。

無知であるからこそ、その発言に伴う責任や影響の大きさがわからない。文議長は、あげくの果てに「十年前、天皇に訪韓の仲介役を頼まれた」と言いはじめた。しかも、「(訪韓の際には)何はともあれ、(慰安婦被害者の)ハルモニ(おばあさん)たちが集まっているところに行き、ひと言『すまない』と言うだけでいい」と天皇陛下に答えたと大嘘をつく始末です。彼もまた天皇という存在を理解できない韓国人の一人ですが、発言の根拠がメチャクチャなことを考慮すると、誰かに言わされたように思えて仕方ありません。

実を言えば、反日的な言辞を弄《ろう》したからといって絶大な人気を得られるわけではありません。文議長も一時は脚光を浴びたものの、いまではすっかり評判を落としています。彼も今になってあの発言の愚かさに気づきはじめているのではないでしょうか。それでも文議長は二〇一九年十一月、G20国会議長会議に出席のため、いけしゃあしゃあと訪日しました。「どのツラ下げて……」と言いたくなります。厚顔無恥にもほどがある。当然のことながら、発言への謝罪と撤回を求めていた開催国・日本の山東昭子参院議長は、文議長との個別会談を拒否。文議長は大恥をかきました。

韓国は建国から七十年余り、一九八七年に盧泰愚《ノテウ》大統領が民主化宣言してからは三十二年しか経っていません。民主主義国家としても歴史が非常に浅いので、はっきり言って国家として未熟な面が多々あります。

前述した柳錫春《リユソクチユン》教授の「慰安婦は売春婦の一種で、日本が強制連行したという記録はない」という「見解」が、韓国メディアの言うように、糾弾されて当然の「妄言」「明白な事実歪曲」なのであれば、慰安婦が売春婦ではなかったことを証明し、日本が強制連行したという記録を発掘して反論すればいいだけの話です。それを元慰安婦の〝証言〟と一九九三年の「河野談話」だけをよりどころに、学術的研究に基づいた学者の意見を封殺するばかりか、検察に告発し、大学からの追放を迫るような国が果たして民主主義国家と言えるのでしょうか。

過去に学ぶことができないから前に進むことができない。韓国の歴史はその繰り返しです。韓国人にとって、「反日」はウリナラ（自国）に都合のいいつくりごと（ファンタジー）にすぎません。ネット社会では「我が国幻想」（ウリナラ・ファンタジー）と呼ばれています。

もとはといえば、「従軍慰安婦」問題にしても、火をつけたのは日本の朝日新聞でした。「日本軍が慰安婦を強制連行した」という朝日の報道（二〇一四年に虚偽報道を認めて記事を撤回）を知って、「そうだったのか！」と韓国では大騒ぎになりました。

韓国のいう「日韓の正しい歴史」というのはほとんど朝日新聞から教わったものです（笑）。

この現状にさえ目が向けられないようであれば、反日政策が終わらないだけでなく、一国家として成熟することは難しいでしょう。

第4章

暴走する文在寅政権

文大統領こそ「徴用工訴訟」の張本人

二〇一九年七月四日、日本はスマートフォンやテレビに使用される半導体などの製造に必要な材料三品目（フッ化ポリイミド、レジスト、フッ化水素）について、韓国に対する輸出管理を強化し、次いで八月二十八日からは、韓国を輸出手続き上で優遇対象とする「ホワイト国」から除外しました。

日本政府はこの措置をあくまで「適切な輸出管理制度の運用を目的としたもの」と説明し、ホワイト国からの除外は「兵器に転用可能な輸出物資を第三国に輸出する懸念からの安全保障上の問題」であり、いずれも「徴用工判決」に対する対抗措置ではないと表明しています。

一方、韓国政府は明らかに「徴用工判決への報復」であると猛反発し、日本政府に措置の撤回を求めました。「どうせいつも通り、ちょっと抗議すればまた言うことを聞くだろう」と甘く見ていたのではないでしょうか。ところが日本政府は韓国の抗議をいっさい無視。まさか日本が強い態度に出てくるとは思ってもみなかった文政権は腰を抜かしました。

しかし、韓国の大法院（最高裁）が日本企業に「自称元徴用工」への賠償を命じた判決に対する日本政府の抗議を無視したのはそもそも韓国政府でした。「司法への介入はできない」とうそぶいた文大統領ですが、この判決を下した大法院院長の金命洙《キムミョンス》氏は、文大統領じきじきに政権発足直後、抜擢した人物です。また、新日鉄住金に損害賠償を命じた判決の三日前には、車漢成《チャハンソン》元法院行政処長（最高裁判事）が逮捕されています。朴槿恵《パククネ》政権時代に「徴用工裁判」を故意に遅延させたからだというのです。もっと言えば、大統領就任前に人権弁護士としてならした文在寅氏自身こそ、徴用工問題の訴訟を起こした張本人でした。これらを考え合わせれば、文大統領の意向が判決に色濃く反映していると見なさざるを得ません。日本政府の取った措置が「報復」ではないにしても、安倍総理がそんな文大統領を「見限った」のは確かではないでしょうか。

これほど非常識なことをしておいて、それでも安倍総理がおとなしく黙っていると思っていたのでしょうか。だとしたら、文大統領の外交センスをいよいよ疑わざるを得ません。

二〇一九年六月二十八日から二十九日にかけて行われた「G20大阪サミット」にその予兆があったことは誰の目にも明らかでした。少なくともこの時点で文大統領はそのことに気づかねばならなかったはずです。

各国首脳が一堂に会し、世界経済の問題を議論したこの大阪サミットでリーダーシップを大いに発揮し、存在感を見せた日本とは対照的だったのが、議長国・日本から会談の機会すら設けてもらえなかった韓国でした。

サミットの二日前、日韓首脳会談が行われないと判明した時点で、韓国青瓦台(大統領府)の高官は記者団に対して「われわれは常に会う準備ができているが、日本は準備ができていないようだ」「万一、日本側が準備が整い、会うことを要請すれば韓国はいつでも安倍首相に会うことができる」とお決まりの〝上から目線〟で語っていました。ですが本来、日韓会談を必要とし、要請しなければならなかったのは韓国の方ではないでしょうか。

安倍総理はサミット会場で各国首脳を一人一人出迎え、握手を交わしました。議長国の礼儀ですから、もちろん文大統領とも握手はしましたが、お互いに目を合わさず、文大統領が硬い表情の安倍総理の前を会場に向かって通り過ぎていく写真が日韓両国の〝すれ違い〟を象徴するものとして多くのメディアに使用されました。

結果的に文大統領は、二日におよぶ滞在期間の大半をホテルで過ごし、二十九日のトランプ大統領訪韓に備えて帰国。もはや、〝Ｇ19〟だと言われても仕方がない状況でした（笑）。

この「冷遇」に文大統領は〝逆ギレ〟したかもしれませんが、「レーダー照射問題」にしろ「徴用工問題」にしろ、そもそもケンカを売ったのは韓国政府のほうで、しかも、相手はこれまで韓国を甘やかしてきた政権とは性格を異にする安倍総理です。反撃されてビックリし、なす術《すべ》なくうろたえるとは、よほど相手を見誤ったのでしょう。

ちなみに、サミット閉幕翌日の六月三十日、トランプ大統領のツイッター発言により電撃的に実現した事実上の第三回米朝首脳会談では、トランプ大統領と金正恩委員長が板門店のＭＤＬ（軍事境界線）を一緒に超えるという派手なパフォーマンスがありましたが、その場に文大統領の姿はありませんでした。

実はあの日、米朝会談の直前まで、文大統領は板門店の韓国側の施設「自由の家」でトランプ大統領と米韓首脳会談を行っていました。ところが会談後、文大統領を置き去りにしてトランプ大統領だけがＭＤＬに向かい、北朝鮮側から現れた金正恩委員長と握手をし、互いに南北のＭＤＬを超えたのです。

なぜアメリカ大統領が金委員長を韓国側へ案内するのか。その役は韓国の大統領が担うのが本来の姿でしょう。それさえさせてもらえないのは、主権を侵害されたとまでは言わないものの、一国の指導者として恥ずかしいことではありませんか。しかもサミット開催中の二十八日、北朝鮮の朝鮮中央通信は韓国に対し、「朝米関係はわが国務委員会委員長同志と米大統領間の親交に基づいて進んでいる。朝米対話の当事者はわれわれと米国であり、南朝鮮当局が干渉する問題ではない」と通告しています。文在寅政権は日本だけでなく、北朝鮮にまでも見限られてしまっているのです。

孤立してはいないことを示すためか、二〇一九年十一月四日、タイで開かれていた東南アジア諸国連合首脳会談の開始直前、文在寅大統領は安倍首相との〝不意打ち会談〟を〝強行〟し、その際の写真を無断で撮影して公表しました。焦《あせ》る文在寅さんと言うしかありません。

「韓国の施設をすべて撤去せよ」

二〇一九年十月二十三日には金正恩委員長が、父親である金正日《キムジョンイル》総書記が南北経済協力の一つとして観光事業を推し進めてきた景勝地、金剛山《クムガンサン》を視察して、「韓国側の施設をすべて撤去せよ」と指示しました。

金委員長は「南（韓国）に依存しようとした先任者の（観光事業）政策は間違っていた。それによって金剛山は十年あまり放置され、傷が残った」と先任者（金正日総書記）を批判し、「金剛山が南北の共有物、南北関係の象徴であるかのようになっており、北南関係が発展しなければ金剛山観光もできないかのような認識は誤りだ」と語ったと北朝鮮のメディアが伝えたのです。

しかも、「見るだけで気分が悪くなるみすぼらしい韓国側施設をすべて撤去し、金剛山の自然環境に見合う現代的な施設をわれわれの方式によって新たに建設すべきだ」とも語ったそうです。そこまで言うか（笑）というのが正直な感想ですが、これも、二〇一八年九月に文在寅大統領とのあいだで交わした「平壌共同宣言」で金剛山観光の再開に合意し、「米国の顔色をうかがうな」と脅しながら北が再三事業再開を促しているにもかかわらず、国際社会の北朝鮮制裁などを理由に韓国がなかなか踏み切れないでいることに腹を立てたものと思われます。

できない約束ならしなければいいのに、北のご機嫌をとりながら、アメリカに対してはなかなか「反日」のように毅然とした態度をとれないでいるうちに、ついに金委員長の怒りを買ってしまったようです。

これに対して韓国の金錬鉄《キムヨンチョル》統一部長官は「現在、南北関係の状況は厳しいが、まだまだ協力の余地はある」と語っています。せっかく日本とアメリカの影響力を排除してすり寄ろうとしているのに、北に見放されたら、それこそ韓国の保守系ジャーナリズムが危惧するとおり、韓国は「世界の孤児」になりかねません。文大統領はまさに四面楚歌の状況に追い込まれつつあります。

囁かれる文大統領の「認知症疑惑」

実を言うと二〇一七年ごろから、韓国では文大統領の「認知症疑惑」が囁かれていました。この噂は実は大統領選の前からあったとも言われています。

以前、韓国のCBSという放送局が「共に民主党」第十九代大統領予備候補者討論会の番組を流しましたが、番組中の一コーナーとして行われた「あみだくじ」では、なぜか文大統領だけ状況が把握できず、どうすればよいのかわからずに、他の候補に誘導してもらう場面がありました。

他にも、自分の名前を「ムンジェイン」ではなく、「ムンジェミョン」と発音したり、記者からの質問を覚えきれなくなったのか、大統領就任時には持っていなかったA4用紙の備忘録を首脳会談の際にも持ち歩くようになったり、不審な振る舞いは増える一方です。

また、二〇一九年五月に在韓米軍司令官を青瓦台に招いて開かれた昼食会では、「韓米同盟の強固さと両国の緊密な協力は、最近の北朝鮮の〝ダンド〟（弾道）ミサイルを含む飛翔体発射への対応でも輝きを放った」と発言。これまで「飛翔体」としか言及してこなかった韓国の大統領が「弾道ミサイル」と認めたのかと話題になりました。その後、大統領府があわてて確認したところ、文大統領は「私がそんなことを言ったか。『短距離ミサイル』と言ったのだ」と発言を否定したそうです。

文大統領の不審な言動は国内だけに留まりません。同年五月三日にマレーシアを国賓訪問した際、マハティール首相に向かってマレーシア語ではなくインドネシア語であいさつしたり、その後に訪れたブルネイでは国王主催の晩餐会で乾杯を促し、「厳格なイスラム教国家のブルネイで、乾杯を求めるのは非礼ではないか」と批判が殺到しました。ちなみにブルネイ国王は、二〇一九年十月二十二日の夜に行われた天皇陛下の即位を祝う「饗宴の儀」で天皇陛下のお隣にお座りになり、にこやかに歓談されていらっしゃった方です。

韓国のこれらの非礼は、単に文大統領の知識、見識不足によるものかもしれませんが、それは言い訳になりません。文大統領は一国の国家元首であり、韓国にも外交部

（外務省）があるのです。文大統領が訪問国の言語や慣習に無知であっても、現地の大使館員が事前に準備を整えておけばいい。外交上、当然の話です。大統領と外交部で事前にすり合わせをしていれば、これほど初歩的な外交非礼は避けられたのではないでしょうか。

ですから、文大統領がわざとやっていない限り、脳に問題があるのではと勘繰りたくもなります。文大統領はストレスで十二本の歯を失ったそうですが（『BUSINESS INSIDER JAPAN』二〇一九年四月一六日「韓国の文在寅大統領、ストレスで十二本の歯を失う――駐ポーランド大使が明かす」）、脳と歯が密接に関係していることは、科学的にも証明されています。

最もひどかったのが、同年六月四日に青瓦台で、延坪島《ヨンピョンド》砲撃事件（二〇一〇年十一月二十三日に大延坪島《テヨンピョンド》近海で起きた朝鮮人民軍と大韓民国国軍による砲撃戦）や朝鮮戦争の国家有功者およびその遺族を招いて開かれた昼食会でのことでした。その席で配布された冊子に、なんと南北首脳会談で文大統領と金正恩委員長が笑顔で手をつないでいる写真が載っていたというのです。延坪島事件で息子を亡くした遺族は金委員長の写真を見て、北朝鮮に息子が殺された無念がよみがえり、思わず冊子を閉じたといいます。

その昼食会の席では、「外交関係の悪化を甘受してまで日本には慰安婦問題などの謝罪を要求するのに、なぜ北朝鮮には何も言えないのか」「北朝鮮を支援するにしても、朝鮮戦争について北朝鮮から謝罪を受けるべきだ」と、出席者から悲痛な声が挙がったそうです。

いくら同じ民族とはいえ、北朝鮮は朝鮮戦争における〝敵国〟であり、金正恩委員長はその親玉です。停戦中であるということは、まだ戦争は終わっていないという意味にほかならない。文大統領は南北首脳会談の〝大手柄〟を誇示したかったのでしょうが、さすがに金正恩委員長とのツーショットをひけらかすのは無神経にもほどがあります。

「大韓民国」自体がMADE IN JAPAN

日本政府の一連の措置を受けて、現在韓国では〈Ｎｏ　Ｊａｐａｎ〉をスローガンとした「日本ボイコット」が展開されており、日本製品の不買や日本への旅行中止など激しさを増しています。

思わず耳を疑ったのは、日本車にキムチを投げつける、いわゆる「キムチテロ」です。韓国の大邱《テグ》ではレクサスをはじめとする日本車にキムチがばら撒かれました。こうした過激な反日パフォーマンスは韓国内で相次いで行われ、日本車のボディに缶スプレーで「売国奴」と書かれたり、タイヤを錐《きり》で傷つけられる事件もありました。

このようなことをして、韓国民は恥ずかしいと思わないのでしょうか。誤解を招くかもしれませんが、百歩譲って自分が持っている日本製品を捨てたり破壊するだけならともかく、他人様《ひと》の所有物に危害を加えるなど、非常識にもほどがあります。実は、過去に慰安婦像の前で涙を流すパフォーマンスをしてみせたソウル市長の朴元淳《パクウオンスン》氏も、〝ちゃっかり〟レクサスに乗っているのです。彼の愛車は大丈夫だったのでしょうか（笑）。

反日不買運動は、若者の間でも過激さを増していると言われます。二〇一九年七月十七日には光州光徳《クアンドク》高校の生徒たちが百五十人ほど集まり、校内の太極旗常設展示館の前で日本製の文房具を〈No Japan〉と書かれた箱に投げ入れる不買パフォーマンスを行いました。ですが、これに関しては本当に子供たちが自らすすんで不買運動を行ったのか断定はできません。

光州は比較的都心から離れた地域であり、他地域と比べても反日思想が根強く残る地域と言えます。たとえば同じ高校でも、ソウルの高校であれば、あのような運動に発展することはなかったでしょう。それに韓国のメディアも今となっては信頼に足るものではないので、教師が生徒を扇動してパフォーマンスをさせた可能性も否めません。

この高校では、「親日人名辞典」(民間団体・親日人名辞典編纂委員会が編纂・刊行した『日本統治時代に親日活動を行った人物』の辞典)に載っている作曲家がつくった校歌もつくり替えられている。生徒たちには校歌を替える権限などないでしょうから、それを考えるとやはり教師がやらせている可能性は十分にあります。反日行動をすればマスコミが喜んで食いつき、その結果として日韓の国民同士の間に嫌韓・反日感情を煽ることになる。これでは左派の思いどおりです。

韓国で日常的に使用されている日用品や道具、機械などは、ほとんどが日韓併合時代に日本から取り入れたもので、基本的にはそのすべてが日本製です。言葉にしても、近代的な用語は日本製。韓国のマスコミが使用しているカメラもソニー製とキヤノン製ですし、ソウルの繁華街・明洞《ミヨンドン》などに掲げられた〈No　Japan〉と書かれた旗も日本のプリンターで印刷されていたとすでにリークされている（笑）。もはや韓国自体が〝メイド・イン・ジャパン〟と言っても過言ではありません。

ですから韓国が自力で研究をして、新しく何かを生み出すということは現実的ではありません。もし韓国が先進国であれば国産品を徐々に増やし、大嫌いな日本への依存から脱却すればいい。どうやら、韓国政府は半導体の生産を国内だけで実現するつもりのようですが、フッ化水素についても、国産品を使うとなると純度も異なりますから、システムの再設定なども含めると少なくとも五年はかかると聞いています。それまで韓国という国家が存在し続けられるかどうか……。

半導体の材料は無条件に売れと言っておいて、日本製品は買わないというのはそもそも矛盾しています。日本製品の不買は、結果的に自分たちの首を絞めていることに等しい。九月十三日、韓国政府は「（日本が）国際的な輸出統制の原則にそぐわない制度を運用したり、不適切な事例が持続的に発生したりしている」としてホワイト国から日本を除外すると発表しましたが、そんなことをしても日本が負うのはかすり傷であって、むしろ長期的に大ダメージを味わうことになるのは韓国の方です。

　韓国をホワイト国から除外したのは「政治的な報復」であると批判し、ＷＴＯ（世界貿易機関）に提訴しておきながら、日本がそうくるならこっちだって……と日本をホワイト国から除外し、日韓のＧＳＯＭＩＡ《ジーソミア》（軍事情報包括保護協定）の破棄を表明して、「日本が輸出規制を撤廃するならＧＳＯＭＩＡを継続してもよい」と言い出す。これが「報復」でなくて何なのでしょうか。そして日本からの譲歩は何もないまま、最後には、やっぱり協定破棄はやめましたとなった（笑）。

　ともあれ、韓国雇用労働部は日韓関係の悪化を受けて、年に二回ほど開催される韓国最大規模の就職博覧会「グローバル雇用大展」で日本企業を除外する方案を検討すると発表したりもしましたが、結果的には実行しなかったようです。ちなみにこのグローバル雇用大展には十五カ国から百八十四社が参加しており、うち日本企業は百十五社でした。日本企業の除外が実行されなかったからよかったものの、ただでさえ韓国は就職難なのに、政府自らが自国の若者たちの就職選択肢を狭めるというのはどうかしている。なぜ、そこまでして韓国は自壊への道を突き進むのか、理解に苦しみます。

考えられるとすれば、韓国の国力を意図的に衰退させることによって韓国国民に「もう北朝鮮と一緒になる以外に道はない」と認識させ、赤化統一を加速させることが目的だということです。国民の声に耳を傾けず、金正恩委員長に片思い中の文大統領なら、十分にあり得ます。

韓国のメディアは今や左派政権が完全に掌握しています。反日感情を煽るような記事ばかりで、「あくまでも、われわれは被害者」というスタンス。何から何まで日本を悪者にし、偏向報道、歪曲報道で国民の目と耳をふさぎ、言論操作や印象操作が日常的に行われています。その結果、実は日本のことが好きでも、周りの反日空気を読んで、好きとは言えないといった状況です。「隠れオタク」ならぬ「隠れ親日」とも言うべきでしょうか。

それこそユニクロのオンラインストアではヒートテックやフリースジャケットなどが品切れ状態になったりと、いわゆる「シャイ・ジャパン」（周囲の目を意識して、日本の製品を購入したり文化を楽しんだりしても口外しないこと）による現象をさまざまな場面で見かけます。ちなみに、曺国氏の息子はユニクロのパーカーを着ていると指摘されて批判を浴びました（笑）。日韓の話題を扱う一般の方の個人ブログなどを見ると、「何か言われたら面倒くさいので、日本に行くのに、日本旅行とは言わず、国内旅行と言っておいた」という人もいました。

「放射能」のデマまで流す断末魔の反日ボイコット

「共に民主党」の議員で日本経済侵略対策特別委員会の崔宰誠《チェジェソン》委員長が日本における旅行禁止区域の拡大をほのめかしたことを受けてか、青瓦台の国民請願に「二〇二〇年の東京オリンピックをボイコットしよう」という請願が提起されました。東日本大震災時の原発事故で発生した放射線の影響が東京にも及んでいるという「でまかせ」

がその理由です。

確かに東京オリンピックを潰すことができれば、日本に国際的な大恥をかかせることになり、いま韓国がなし得る最大の報復になるでしょう。現時点では発議の段階ですが、もしそんな請願にのっとった法案でも提出されたら、旭日旗の東京五輪持ち込み禁止決議を採択する韓国のことですから（後述）、やすやすと国会を通過することでしょう。

請願では、「私は日本の一番大きなアキレス腱（弱点）を狙い、日本の屈伏を誘発させたり、また彼らに恥辱を与えようと考えております」と前置きしたうえで、「非公式資料によれば東京は放射能数値が高く、さらに福島県産農水産物が日本のホテルに安値で供給されていることは自明の事実です」と根拠のないデマ情報が流されています。

しかし実際には、東京よりもソウルの方が、人体に影響を与える放射線量が大きいことは有名な話です。二〇一九年九月二十四日、日本外務省は、駐韓日本大使館ホームページ上で原発被災地と東京、それにソウルにおける放射線量の計測結果を公開しました。それによると、午後十二時基準で福島市〇・一三三マイクロシーベルト、いわき市〇・〇六二マイクロシーベルト、東京〇・〇三六マイクロシーベルト、ソウル〇・一一九マイクロシーベルトとなっています。つまり、ソウルの放射線量は東京の三倍以上なのです。

韓国紙『中央日報』は、「測定機関も違い、具体的な測定地点や天気など変数を考慮しなかった測定値であるため単純比較は不適切だという指摘もある」と反論しましたが、ソウルの放射線量が多いことは良く知られていて、その原因は、道路のアスファルトや、建物の外壁に使われるセメントに混入している放射性物質だと言われています。日本でも韓国からの輸入品の放射線検査を強化する必要があるのではないでしょうか（笑）。

それに、日本では福島の原発事故後、一般食品における放射性物質の暫定基準値を一キロあたり五百ベクレルと定めましたが、これは国際的に見ても厳しい基準値であり、事実、アメリカでは一キロ当たり千二百ベクレル、ＥＵは千二百五十ベクレルまで許されています。なお、二〇一二年四月一日からは基準値がさらに厳しくなり、百ベクレルにまで下げているので、日本の食品は世界でもトップレベルの安全性を誇っていると言えます。

にもかかわらず、前出の崔宰誠《チェジェスン》議員は「日本国民も冷遇する（福島の）食品を全世界の参加選手らの食卓に上げるという。政治に目がくらんで、オリンピック選手まで人質に取るものだ」と福島県産の農水産物に対して誤解を招く発言を行いました（二〇一九年七月二十五日）。その他にも、福島第一原発で発生した処理水を〝汚染水〟と呼んで難癖をつけ、勝手に日本列島の「放射能汚染マップ」を製作するなど、科学的根拠を無視した韓国のプロパガンダ活動は留まることを知りません。挙句の果てには、IOC（国際オリンピック委員会）やIAEA（国際原子力機関）に対して抗議の申し入れまでする始末です。

これに対してIOCのトーマス・バッハ会長は、「『（日本の）放射性物質汚染の監視および課題への対応は適切であり、食品の流通管理は効果的に実施されている』とするFAO（食糧農業機関）とIAEAの公式見解を参加国に伝達することで対応したい」と、複数の国際機関が原発事故への日本の対応を支持していることを公表。またしても、韓国は国際社会の場で恥をさらす結果になりました。

さらに二〇一九年九月には、オーストリア・ウィーンで開かれた国際原子力機関（IAEA）総会で、福島第一原発での放射性物質トリチウムを含む処理水の処分をめぐり、韓国科学技術情報通信部の文美玉《ムンミオク》第一次官は「もし原発汚染水を海洋放出するなら、日本の国内問題にとどまらず、世界全体の海洋環境に影響を及ぼし得る深刻な国際問題だ」と訴えました。韓国政府は「処理水」を「汚染水」と言い換え、世界に向けて不安を煽るネガティブ・キャンペーンを始めたのです。ある日本のメディアは「韓国はまるで水を得た魚のようだ」と評しましたが、まさにそのとおりです。

奈良林直・東京工業大学特任教授が、月刊『WiLL』（ワック刊）二〇一九年十二月号に寄稿された記事「韓国は福島の6倍のトリチウムを垂れ流している」によると、日本の原発は濃縮ウランを燃料とする軽水炉を採用していますが、韓国の一部の原発が導入している天然ウランを燃料とする重水炉は、日本の軽水炉に比べてトリチウム排出量は一桁《けた》多い。福島第一原発に貯留されているトリチウム総量が約千兆ベクレルなのに対し、日本海に面する韓国の月城《ウオルソン》原発は二十年で累積六千兆ベクレルのトリチウムを海洋放出しているとのことです。つまり、福島第一原発の六倍もの量を日本海に「垂れ流している」ことになります。奈良林先生は、「韓国政府は日本より先に、自国を省みるべきではないでしょうか」とおっしゃっていますが、まさにそのとおりです。

ちなみに、イギリスには年間千五百兆ベクレル、フランスに至っては年間一京《けい》三千七百ベクレルものトリチウムを排出する再処理施設があるそうです。まさにケタ違いです。

旭日旗と鉤十字《ハーケンクロイツ》を並べる浅はかさ

旭日旗も東京オリンピック開催に対する「嫌がらせ」に利用されています。

元来、旭日旗は日本を象徴する旗の一つとして出産・節句などハレの日に掲げられ、漁の安全と成功を祈願する「大漁旗」にも用いられるなど、日常生活の中で〝縁起物〟として日本人に古くから親しまれてきました。また多くの人がご存じのように、日本では「紅白」の組み合わせもハレを意味します。その意味でも、旭日旗や日章旗は景気の良さやめでたさの意が込められた、文字通り明るく縁起のいい旗なのです。

一方、韓国では「日帝（大日本帝国）植民地の際に使用されていた戦犯旗」という誤った認識が根強く存在し、いまや韓国人は世界中で放射状のデザインを見ると発狂してしまう「旭日旗アレルギー」に侵されていると言っても過言ではありません。

韓国の「広報専門家」を名乗り、全世界で「旭日旗撲滅キャンペーン」を展開している徐敬徳《ソギョンドク》誠信女子大学教授もその一人です。「旭日旗ハンター」の異名を持つ徐教授は、世界中の旭日旗を見つけては抗議文を送り付け、「旭日旗＝戦犯旗」という認識を世界中に植え付けようとしています。東京五輪で旭日旗を使用させないよう、ＩＯＣに措置を促す英語の動画まで製作してユーチューブに公開。動画内には、ナチス・ドイツが使用した「ハーケンクロイツ（以下、鉤《かぎ》十字）と旭日旗を並べ、両旗を「＝（イコール）」でつなぐシーンも含まれていました。これは日本に対する侮辱であると同時に、ドイツ国民に対する冒瀆《ぼうとく》でもあります。彼の知識の偏りと浅薄さには、呆れて物も言えません。

日本の旭日旗とナチスの鉤十字は、旗に込められた意味も含めて根本的に異なります。

ナチスの鉤十字は、インド・ヨーロッパ語族の「アーリア人至上主義（いわゆる選民主義）の象徴とされており、ホロコースト（ナチスによるユダヤ人大量虐殺）が示すように、非アーリア人のユダヤ人に対する〝反ユダヤ主義〟という人種差別的な意味合いが込められていました。

それに対して、旭日旗は先ほど説明したように、商売繁盛や祝い事などを象徴する縁起旗であり、人種差別や独裁国家、軍国主義、全体主義といった理念は一切含まれていません。

また、日韓の左派はよく大東亜戦争を持ち出して、旭日旗や日の丸の赤を指して「血塗られた旗」と誹謗したり、「君が代」は天皇を神格化して多くの兵士を死に追いやった「血塗られた歌である」と的外れな批判を口にします。

しかし世界の国々を見渡せば、そもそも国旗や国歌というものは、建国・独立運動で流された血や軍隊の奮闘を讃えるために定められたものがほとんどです。「我々は血を流しながら祖国のために戦い、独立を勝ち取ったのだ」という誇りが、国旗や国歌には込められています。

代表的なものが、もともとフランス革命時の革命歌だったフランスの国歌「ラ・マルセイエーズ」で、その歌詞は「我らに向かって暴政の血まみれの旗が掲げられた／武器を取れ　市民らよ／進め！　汚れた血が我らの畑の畝を満たすまで」という、まさに「血塗られた歌」そのものです。「君が代」を批判する左派の人たちは、このフランス国歌まで否定するのでしょうか。

それに対し、旭日旗や日章旗は世界でも稀に見る〝血を帯びていない国旗〟であり、特徴的な赤は血を意味するものではありません。また「君が代」は、父母や恩師など敬慕する人々、そして天皇陛下が「千代《ちよ》（千年）も八千代《やちよ》（八千年）も長生きしますように……」という穏やかで平和な願いが込められているのです。

そのような事実をいっさい知らずに、徐教授をはじめとする「旭日旗ハンター」や日本の左派勢力は、どうしても旭日旗と鉤十字を同一視させようとする。韓国人は「日本人は歴史を知らない、歴史を直視しろ」と言いながら、しょせん〝歪曲された歴史〟を韓国人同士で共有しているに過ぎません。そんな民族には本来、歴史を語る資格などないはずです。

米国人をも蝕《むしば》む「ウリナラ・ファンタジー」

しかし、旭日旗を「戦犯旗」として貶《おとし》めようとする韓国左派や、それを取り巻くブレーンのロビー活動は日々過激さを増しています。

ある米国人ユーチューバーは、ニューヨークのタイムズスクエアにある看板広告の枠を自費で買い取り、「独島（竹島）は我が領土だ」という宣伝広告を掲げ、話題を集めました。この米国人はそれを自身のユーチューブチャンネルで紹介し、韓国人視聴者たちから絶賛されたのに味を占めたのか、次いで慰安婦のデマ広告を出し、さらに旭日旗を批判する広告を出そうとしましたが、さすがに旭日旗に関しては「政治的すぎる」ということで許可が下りなかったそうです。

彼のチャンネルには韓国映画やＫ‐ＰＯＰを紹介する動画が多く、韓国のネット上では四十代を中心に「（こうした動画を）米国人が掲載することに意味がある」「（最大野党の）自由韓国党よりもよっぽど韓国を愛している」といった称賛の声が上がっています。韓国人の声援に後押しされて、彼はホワイトハウスの請願制度（青瓦台の請願制度はこれを〝パクった〟ものです）を利用して、東京五輪での旭日旗使用禁止を求める請願も提出。その暴走ぶりはとどまるところを知りません。

この米国人のように、いまや旭日旗を貶めようとするのは韓国人だけではありません。残念ながら、これは韓国の十八番《おはこ》であるロビー活動が功を奏し、「ウリナラ・ファンタジー」の間違った歴史認識が世界に広まっていることを示すものと言えるでしょう。本当に困ったものです。

日本政府は一応、外務省と防衛省のホームページに、旭日旗に関する説明と資料を日本語と英語で掲載しています。しかしはっきり言って、その効果は期待薄《うす》と言わざるを得ません。海外に住む人々の多くは、まず日本語を理解できません。そのため、いくら英語の説明資料を掲載していたとしても、日本の省庁のホームページにたどり着くだけで一苦労です。

自分たちのテリトリーだけでおとなしくアピールしていても、何の意味もありません。旭日旗に限らず、日本政府はもっと広く国際社会の場で、声を大にして主張するべきです。日本政府も、韓国の図々しい行動力だけは見習わなくてはなりません。現在、世界では旭日旗を本当に戦犯旗だと誤解している方々が多くいますし、日本の若者の中にも、日本が本当に朝鮮を植民地にしたと思っている人は少なくありません。現に、日本人の友人に僕が日韓併合の真実を教えたこともあります。このまま日本政府が動かなければ、竹島が実効支配されたように、いつの日か旭日旗が本当に使えなくなる日がくるかもしれません。領土だけでなく文化にまで韓国人に土足で踏み込まれてもいいのでしょうか。

東京五輪をボイコットできない理由

韓国の文化体育観光委員会は、会場に旭日旗を持ち込んで応援したり、旭日旗をあしらったユニホームを着たりすることを禁止するよう、東京オリンピック・パラリンピック組織委員会（ＴＯＣＯＧ）に要求しました。当然ながら、ＴＯＣＯＧは韓国の要求を一蹴《いっしゅう》します。すると韓国は、このＴＯＣＯＧの方針に「深い失望と憂慮」を表明し、さらに「旭日旗使用の不当性」を訴えて、二〇一九年九月十一日、国際オリンピック委員会（IOC）に旭日旗の使用禁止措置を要請するに至りました。

朴良雨《パクヤンウ》文化体育観光部長官は、IOCのバッハ会長あての書簡で、旭日旗は「日本帝国主義のアジア侵略戦争時に使われた日本軍の旗で、現在も外国人に対する差別や嫌悪の集会などに使用されている」「ナチスのハーケンクロイツが欧州に第二次大戦の悪夢を思い出させるように、旭日旗は日本の侵略を受けた韓国や中国、東南アジアなどに歴史の傷を想起させる明白な政治的象徴だ」と主張しています。

ところがIOCは、「大会中に懸念が生じた場合にケース・バイ・ケースで対応していく」と声明を出して、静観する方針を示しました。要するに「何かあったらそのときは適切に対応するから、とくに禁止する必要は認めない」ということです。日本の大会組織委員会も、「旭日旗は日本で広く使用されるため禁止する理由がない」として毅然とした態度をとっています。

それに対して九月三十日、韓国国会は東京五輪・パラリンピックにおける旭日旗の持ち込み禁止を求める決議を、賛成一九六、反対ゼロ、棄権三で採択しました。決議では旭日旗について、「帝国主義に侵略された国家の痛ましい記憶を刺激する」と主張していますが、いったいなんのための決議でしょうか。外国で行われるオリンピックに、その国の国民に親しまれている旗の持ち込み禁止を別の国が決めたからといって、なんの効力もありません。開催国の日本が言うとおりにするはずはないし、ＩＯＣも「その必要はない」と言っているのです。

自称「サイバー外交使節団」ＶＡＮＫ《バンク》は二〇一九年六月、旭日旗と鉤十字を並べた「日本の旭日戦犯旗の実体を世界に知らせるＶＡＮＫ青年たちの挑戦」と題する動画をユーチューブに掲載しました。ハーケンクロイツを使うのは欧州では想像もできないことなのに、アジアでは旭日旗が公然と使われていると主張し、「旭日旗は一八七〇年に正式に日本陸軍の軍旗として使われ、一八八九年に日本海軍旗に採択された。侵略戦争犯罪の遂行に利用された帝国主義戦犯旗である」と決めつけています。

さらに韓国はＩＯＣの回答を無視して、世界最大の署名サイト「Change」で「東京オリンピックでの旭日使用を禁止せよ」という請願を行っています。その説明には、「オリンピック精神を破壊する最も恥ずかしい歴史として記憶されている一九三六年のドイツ・ベルリンオリンピックが、二〇二〇年の東京オリンピックで再現されようとしている。旭日旗は日本帝国主義の侵略戦争の象徴であり、百年前の日本の帝国主義の侵略に苦しんだ韓国、中国などのアジア人にとってはハーケンクロイツと同じものである」とあります。

二〇一九年九月の時点でこの請願に二万人以上が賛同していますが、賛同者のほとんどは韓国人および韓国系の人たちでしょう。その無駄な熱意としつこさには頭が下がる思いです（笑）。

韓国では旭日旗が認められるなら東京オリンピックのボイコットも辞さず、という勇ましい声も上がっているのですが、実はそれは文在寅大統領にとって都合がわるい。というのは、文在寅大統領にとって、南北合同チームを結成して東京オリンピックに参加することが最大の願いだからです。文大統領は二〇一九年九月、国連総会出席のためニューヨークに赴いた際にバッハIOC会長に会い、北朝鮮との合同チームでの東京オリンピックへの参加、二〇三二年夏季五輪の南北共同誘致に改めて意欲を示し、支援を要請しています。北朝鮮とのオリンピック共同開催は、南北融和をめざす文大

VANK が YouTube に掲載した動画「日本の旭日戦犯旗の実体を世界に知らせる VANK 青年たちの挑戦」

世界最大の署名サイト「Change」でも「東京オリンピック旭日旗禁止」キャンペーン中。「旭日旗は鉤十字と同じファシズムのシンボル」と書かれている

統領の「悲願」と言っても過言ではありません。その前提である東京オリンピックをボイコットするわけにはいかない。文大統領は頭を痛めているはずです。これも行き過ぎた反日政策が自分で自分の首をしめる結果になりかねない一例と言えるでしょう。

南北共同開催にサッカー・ファンの怒り

ところが、意外なところから北朝鮮とのオリンピック共同開催を問題視する国内世論が沸き上がりました。サッカー・ファンが北朝鮮と文在寅大統領に怒りの声を上げたのです。

文政権が南北の友好ムードを世界にアピールし、対北融和路線に弾みをつける「歴史的一戦」にしようと力を入れていた、北朝鮮とのサッカーW杯《ワールドカップ》予選試合が、文大統領の期待とは真逆のとんでもない結果になってしまったからです。

問題の試合は二〇一九年十月十五日、平壌の金日成スタジアムで行われました。当地でのサッカー男子・南北対決は一九九〇年の国際親善試合以来、二十九年ぶりだけに、韓国では試合前から大きな話題となり、文政権は「南北融和」の象徴的イベントにするため関係者に働きかけるなどして懸命に根回しを行っていたようです。

ところが、いざふたを開けてみると、「友好」ムードはどこへやら、試合前から現地は不穏な空気に包まれていました。韓国代表チームの選手やスタッフ、関係者は、携帯電話やタブレット、パソコンなど、情報機器類の持ち込みをいっさい禁止され、韓国メディアもすべてシャットアウト。生中継は無論のこと、取材そのものがＮＧで、スタジアムにすら入れない始末でした。それどころか観客が一人もいない無観客試合を強いられたのです。

異様な雰囲気で始まった試合では、北朝鮮チームは完全にケンカ腰で、体当たりや肘打ちのラフプレーと暴言を繰り返し、韓国チームもやり返すなど、およそスポーツとは言えないものだったそうです。韓国代表チームだって暴言やラフプレーに関しては定評があります。その彼らが驚いたくらいですから、北朝鮮チームはよほどひどかったのでしょう。韓国のキャプテン、孫興慜《ソンフンミン》選手は「ケガもせず無事に帰って来られただけで不幸中の幸いだ」と語っています。その意味では世界サッカー史上最悪の「歴史的一戦」となりました（笑）。試合の結果は0－0の引き分け。もし韓国チームが勝ってしまっていたらどうなっていたか、考えるだけでゾッとします。

ちなみに、韓国チームのユニホームはアメリカ製のため、北朝鮮チームとのユニホーム交換は対北制裁に反するので禁止。グラウンド外でも北朝鮮関係者と物品の交換や譲渡は慎むように韓国政府側から厳命されていたというのですから、「南北融和」というのはそもそも無理があったのかもしれません。

この試合がもとでサッカー・ファンと関係者を中心に、北との五輪共同開催など無理だという声があがり、対北朝鮮融和路線に対する批判にまで発展しました。皮肉なことに、文大統領の目論見とは真逆な結果になってしまった。日本語で言う「藪蛇《やぶへび》」です（笑）。

大韓サッカー協会（ＫＦＡ）関係者は「サッカー韓国代表は文政権の政治的策略によってひどい仕打ちをうけた。代表チームの選手たちも政府の介入には心底嫌気がさしている。（韓国代表チームの）パウロ・ベント監督が試合後に口にした怒りのコメントも、韓国政界への抗議だったのは明らかだ。嫌韓日本人にも、このように純粋なアスリートたちが文政権の迷走に付き合わされ、苦しめられていることを知ってほしい」と語っています。

ネット上ではさらに過激な意見が相次ぎ、「北朝鮮のせいで国際的な恥をかいた」「こんな非常識な国家にこんな待遇をされて、何が共同開催だ」「ミサイルでもわからなかった北朝鮮の現実がサッカーを通してわかった」「文大統領は就任式で『一度も経験したことのない国を作る』と約束したが、そのとおりになった」「あと一度でも『共同開催』などと口にしたら五千万人のロウソク（を手にした民衆）が黙っていない」などと、文在寅大統領の従北政策への怒りがつづられました。

それでも、韓国統一部の金錬鉄《キムヨンチョル》長官は、北朝鮮に抗議するべきだという議員らの要求をいっさい拒否しています。無観客試合については「（韓国の）サポーターを受け入れなかったかわりに、（北のサポーターも入れないことで）公平な対応をとった」という驚くべき詭弁《きべん》を弄《ろう》し、選手団が平壌国際空港で三時間近く厳しい入国審査を受けたことに対しては「開発途上国なら空港での手続きに一日かかることもある。とくに厳しかったとは考えられない」と答えています。

これほどの批判を受けても、文在寅大統領は北とのオリンピック共同開催という〝夢〟を追い続けているようなのです。

旭日旗に関する世界の常識と韓国の非常識

前述の徐敬徳《ソギョンドク》教授をはじめとする韓国の「旭日旗ハンター」は、海外でも、放射状のデザインが施された商品やポスターなどを見つけると、不買運動や脅迫まがいの抗議をして発売中止や撤去を求めています。そもそも太陽の輝きをかたどった放射状のデザインは旭日旗に限らず世界共通のものですから、いちいち問題にしていたら切りがありません。

中でも韓国人として恥ずかしいのは、アメリカの名門・ペンシルベニア大学のステンドグラスの模様が旭日旗そのものだと、韓国系の団体が撤去を要求した事件です（二〇一四年）。一般学生からは「コリアンは頭を冷やせ」「伝統ある最高学府で、あまりに非常識ではないか」と呆れたような声が上がり、大学当局は「あれは一九二八年

在米韓国人を怒らせた女優エヴァ・ガードナーさんを描いたロサンゼルスの公立校の壁画。写真：AFP＝時事

に設置された、キリスト教学生協会の宣教活動のシンボルです」と教え諭しながら、もちろん、この不当な要求をはねつけています。韓国人は国際的な大恥をかきました。九十年も前につくられた外国の宗教的建造物まで、自分たちの価値基準で否定する神経は、やはり常軌を逸しているとしか思えません。韓国人としては恥かしい限りです。

二〇一八年十二月には、ロサンゼルスのロバート・F・ケネディ・コミュニティ・スクールの壁に描かれた、ハリウッドの伝説的な女優エヴァ・ガードナーさんをモチーフにした壁画のデザインが旭日旗を思わせるというので、現地の韓国人グループが猛抗議。壁画が撤去される騒ぎが起きています。あの世のエヴァ・ガードナーさんも、安らかな眠りを妨げられて目を白黒させているかもしれません。とんだとばっちりです。

ベスト8進出を果たした日本チームの大活躍で盛り上がったラグビーのワールドカップ日本大会に対しても、徐敬徳《ソギョンドク》教授は、「ワールドカップ会場の外国人たちが旭日旗のハチマキを巻いて応援したり、日本以外にも多くの国で旭日旗を使った映像や看板が制作されている」と抗議しました。しかし、それだけ旭日旗が各国でデザイン・モチーフにされるということは、とりもなおさず世界で広く受け入れられていることを示しているのではないでしょうか。西洋人はとくに旭日旗のハチマキが好みのようで、三十五年も前のアメリカ映画『ベスト・キッド（The Karate Kid）』でも、主人公のイタリア系の少年が旭日旗のハチマキをしていました。徐教授なら、日本とイタリアは〝ファシスト仲間〟だからだとおっしゃるかもしれませんが（笑）。

徐教授は「西洋人たちは旭日旗がドイツのハーケンクロイツと同じ戦犯旗であることを知らずに使用しているのだろう。それを放置し、制裁しない主催国の日本に問題がある」と批判していますが、どうして日本がそんなことをしなければならないのでしょうか。現にネット上では、「日本でやっているんだから放っておけば？」「世界が認めているなら、韓国の常識が間違っているんだろ」「旭日旗を問題視しているのは世界で韓国だけ」などと指摘する声もありました。

東京パラリンピックのメダルの〝放射状〟のデザインも、「旭日旗に見える」と抗議しています。ですが、二〇一〇年にソウルで開かれたG20のシンボルマークにも旭日旗に酷似したデザインが使用されていました。しかも、このシンボルマークは切手にもなり、韓国ではグッドデザイン賞まで受賞しています（笑）。

ロンドンの敵《かたき》を東京で

旭日旗が戦犯旗だとか軍国主義の象徴だとかいう教育は、僕は受けていません。僕が子供の頃は、さほど問題にされていなかったような気がします。旭日旗は軍隊で使っていた、つまり「軍旗」ですから、国旗である日章旗よりも、イメージとして「軍国

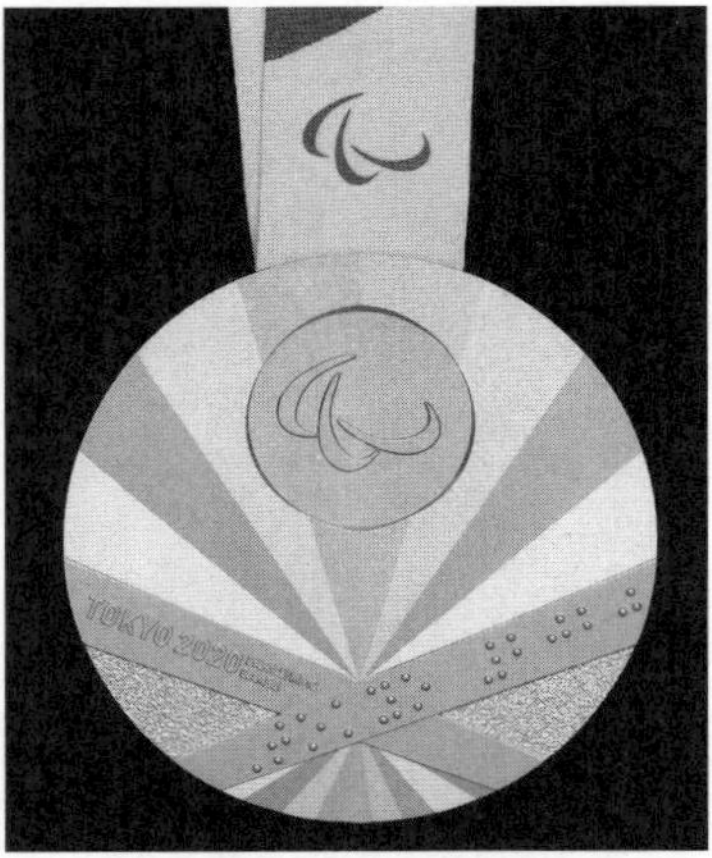

東京パラリンピックのメダルのデザインにも激怒（公式HPより）

主義の象徴」にしやすかったのではないかと思います。要するにある種の〝妄想〟ではあるのですが、結局、日本に対するイメージというのは、映画のようなファンタジーに近いものなのです。

　韓国が旭日旗を問題視し、攻撃しはじめたのはそれほど昔のことではありません。きっかけはサッカーの国際試合でした。

　二〇一一年のサッカー・アジアカップ準決勝、日本対韓国戦でのことです。韓国の奇誠庸《キソンヨン》選手がサルのまねをして日本人を侮辱する差別パフォーマンスを行いました。その行為を批判された奇選手は、「観客席の旭日旗を見て涙が出た、私も選手である前に大韓民国国民です」と、愛国者を装って言い訳しました。しかし、会場に旭日旗がなかったことがわかると、「（奇選手が当時プレーしていた）スコットランドで自分を猿呼ばわりする差別主義者に向けてやったのだ」と言いつくろい、その発言がイギリ

2010年にソウルで開かれたＧ20のシンボルマーク。韓国でグッドデザイン賞を受賞した（笑）。写真：AFP＝時事

ス人の反感を買うと二転三転、最終的に「やっぱり会場に旭日旗はあった」と主張したのです。

どう考えても、日本人を侮辱したことへの言い逃れとしか思えませんが、韓国国民は「旭日旗」に飛びつきました。

翌二〇一二年のロンドン・オリンピックで韓国代表選手の朴鍾佑《パクジョンウ》が、試合後に「独島（竹島）はわれわれの領土」と書かれた紙を掲げて走るパフォーマンスを行ったことをご記憶の方も多いと思います。これはオリンピック憲章違反であると日本が国際オリンピック委員会（ＩＯＣ）に訴えると、韓国は「会場に旭日旗があった、これこそオリンピック憲章違反ではないか」と反論しました。自己正当化のために嘘に嘘を重ねた結果、もう後にひけなくなったのでしょう。この頃から韓国は「旭日旗はナチスのハーケンクロイツと同じ戦犯旗である」と言い始めたのです。

ところがIOCは韓国側の主張を斥《しりぞ》け、「旭日旗に政治性はない」という公式コメントを発表。よほど悔しかったのか、韓国は国を挙げて「世界から旭日旗を撲滅するキャンペーン」を始めたのです。

韓国は「ロンドンの敵《かたき》を東京で討《う》つ」つもりでいる。――そう考えれば、旭日旗を東京オリンピック開催に対する「嫌がらせ」に利用しているのもわかる気がします。

ただ、放射能汚染のデマにしろ、旭日旗追放キャンペーンにしろ、行き過ぎと思われる過剰な反日パフォーマンスが韓国内で批判されることがないのは、こうした反日活動をビジネスにしている人がいるからです。金銭に対する執着心の強い韓国人は、「これは金《かね》になる」と踏んだら、何にでも飛びつきます。慰安婦問題、徴用工問題、反日デモ、五輪ボイコット、旭日旗撲滅……すべて金儲けのためのビジネス的な利権構造が確立しているのです。これまでの日韓関係を振り返ればわかるように、謝罪を求めればいくらでも賠償金がふんだくれる（言葉は悪いですが）という日本に対する「ゆすり・たかり体質」が身に沁みついてしまっているのです。

ですから、安倍政権の毅然たる態度は予想外で、悔しさのあまり、いっそう嫌がらせをエスカレートさせているのかもしれません。

「ホワイト国」って何？

現在ＷＴＯは米中問題で手がいっぱいで、日本の輸出管理強化に対する韓国の訴えを聞く暇がないようです。最終結果が出るにも一年ほどかかるということなので、このままではＷＴＯの結論が出る前に韓国が潰れてしまうかもしれません。以前、韓国は福島県産を含めた八県の水産物に対する輸入禁止措置で勝訴を勝ち取っているので、それで今回も勝てると調子づいているのでしょう。

ですが、今回はまったく別の話です。世耕弘成《せこうひろしげ》前経産大臣の発言にもあったように、今回の輸出管理強化と優遇措置の撤廃は徴用工問題に対する直接の報復措置ではありません。韓国が北朝鮮の友好国に戦略物資や石炭を瀬取りしているという疑惑が浮上したわけですから、単に日韓の問題ということではなく、国際社会の安全に関わる問題として日本側が管理を強化するのは当然でしょう。それも優遇措置を止めて、通常の扱いに戻すだけ。日本は国際法に違反するようなことは一切していませんし、むしろ韓国は国連決議（国際法）に反する行動をしていたわけですから、今回ばかりは韓国に勝ち目はありません。今回の過剰なボイコットを見ているだけでも、本当に感情に左右される民族性だとつくづく感じます。「WTOがダメなら……」と国際連合に日本の貿易措置の調査を依頼しに行ったようですが、これに関しても韓国国民から「国際的な恥さらしだ」「文（大統領）は正気なのか？」といった声が多く聞かれます。

そもそも韓国人は「ホワイト国」について何も知らないまま、今回の一連の動きに文句をつけたり、ボイコット運動をしている。その証拠に二〇一九年の八月五日から六日にかけての韓国のウェブサイト「NAVER」の検索ランキングでは、一位から五位までが「ホワイト国とは」という検索ワードで埋まっていました（笑）。多くの韓国人は、その意味さえよく理解しないまま好き勝手に発言をしている。正しい知識もないのに、よく発言できるものだと逆に感心してしまいます。

韓国人はまず知識や情報よりも反日感情が先に出てしまう。愛国心が強すぎるがゆえに盲目になってしまうことを、文政権と左派は巧みに利用しているのです。

韓国メディアの「親日狩り」

二〇一九年七月三十日、韓国の大手テレビ局SBSから僕に取材依頼がありました。まずはSBSの番組『モーニングワイド』のスタッフから、「私たちは今週の金曜日、八月二日から八月五日まで東京に滞在する予定です。もしよろしければ、インタビューさせていただけませんでしょうか。もし他の地域にいらっしゃるのであれば、直接お伺いする意向もございます。インタビューの所要時間は三十分から一時間ほどになります」と連絡があったのです。

そして、当日の夜、今度はSBSの『それが知りたい』という別のドキュメンタリー番組のスタッフから、「突然のご連絡、大変申し訳ございません。日々動画を投稿し、チャンネル登録者が大勢いるWWUK様ですが、韓日関係について独自の観点とスタンスをお持ちだと思いましたので、是非インタビューをさせていただきたいと考えております。来週東京を訪れる予定ですので、お会いいただけますでしょうか。以前アカウントを不当に通報されたという動画を投稿されておりましたが、私たちはWWUK様の話を中立的な姿勢で聞かせていただきたいと思っております（後略）」とのメールも届きました。

この話が来たとき、うすうす怪しいと感じていましたが、案の定、視聴者の方々からも「やめたほうがいいよ」という声をたくさんいただいたので、丁重にお断りしました。

しかしそれ以降も『それが知りたい』のスタッフたちは僕をずっと追跡し続けていて、八月六日には韓国の友人から「自分にコンタクトを取ろうとしている人たちがいる」と連絡がありました。話を聞くと彼が以前勤めていた会社にカメラを持った人たちが押しかけてきて、「WWUKの知人を探している。会わせてくれ」と要求したそうです。要するに、僕に関する情報を聞き出そうとしているのです。

さらにその後も『それが知りたい』の番組スタッフから再びメールが届き、「現在、韓国でもＷＷＵＫ様が話題になっているのですが、日本社会を経験する韓国人として、どういう意見をお持ちでしょうか。（歪曲して報道されるのではないかという）ご心配はよく分かりますが、お願いですから取材に応じていただけませんでしょうか」と執拗に連絡がきました。

ただ、そう言いながら、番組の公式ツイッターではなんと「嫌韓ユーチューバーを探しています」というツイートがされていたのです。僕には「中立的な立場で意見を聞く」と言っておきながら、韓国国内ではそういった〝親日狩り〟を平気でやっている。友人の会社に乗り込んだこともそうですが、なぜ警察は取り締まらないのでしょうか。「反日無罪」というのは、本当に恐ろしい文化です。

韓国のＭＢＮ放送局（毎日放送）では「嫌韓を煽るユーチューバーがいる」と僕の顔にモザイクをかけ、僕になんの断りもなく、僕の動画を勝手に流し、さらには歪曲報道を行っていました。悪質なのは、僕が韓国人であることを隠して、あたかも日本人が嫌韓を煽っているかのように取り上げていたことです。そうして、二〇一九年七月六日、自宅に遺書を置いて、ソウル市内の公園近くで遺体が発見された鄭斗彦《チヨンドウオン》元議員を取り上げ、「韓国で日本製品不買運動に反対すると、遺体で見つかってしまいますよ」と嫌韓情緒を煽るようなことを僕が言っていたと報じました。僕の動画を見ていただければわかりますが、そのような意図で発言したことはありません。ただ鄭斗彦氏の謎の死をとりあげただけなのに、それを歪めて平気で放送するのです。

残念ですが、もう韓国のメディアはまったく信用できない。SBSもMBNも青瓦台とかなりダイレクトにつながっているので、これ以降、韓国メディアの取材は引き受けないと決めました。

『WiLL』は売れているか

ところが、取材を断ったにもかかわらず、SBSも、僕の動画にモザイクをかけ、勝手に使用して『それが知りたい』を放送しました。その回のテーマは「慰安婦問題」です。番組の内容をご説明しましょう。

番組冒頭で「慰安婦」について説明した後、「日本軍に刺されたことがある」と右腕を見せながら主張する老婆が登場し、続いて二〇一九年七月に韓国で慰安婦像にツバを吐きかけた四人のうち、逮捕時に日本人を装った犯人が出てきて「自分がやったことは軽犯罪だ」と主張する場面があったりと、とにかく慰安婦への侮辱は許せないという趣旨で番組は進行していきます。

そして、僕がパスポートを見せながら「僕は正真正銘、韓国人です」と説明する動画と「慰安婦の正体は、自ら募集に応じた売春婦だ」と発言する僕の動画が〝慰安婦像を背景〟にタブレットに映されて流されます。その他にも、慰安婦を売春婦だったと説明する別の韓国人ユーチューバーや、「大日本帝国万歳！」と叫ぶ韓国人を取り上げて、「これらの右派ユーチューバーたちは一体何者なのか」と疑問を投げかけ、実は日本国民党代表の鈴木信行《のぶゆき》氏とつながりがあると結論づけます。

ご存じかもしれませんが、鈴木信行代表は二〇一二年、「竹島は日本固有の領土」と書かれた「竹島の碑」をソウル市内の慰安婦博物館や在韓国日本大使館に設置し、その後も慰安婦をはじめとする韓国の嘘を暴く活動を積極的に行って韓国政府から「入国禁止」処分を受けている方です。いわば韓国にとっては反韓日本人を代表する〝危険人物〟で、「嫌韓ユーチューバー」は鈴木代表と〝同じ穴のムジナ〟というわけです。鈴木氏はSBSのインタビューに答えて、「彼ら（右派ユーチューバー）には連絡先を教えてある」と語っています。ただし、幸か不幸か、僕は鈴木信行氏とはなんのつながりもありません。

次に、取材班は「日本一の繁華街にある書店を訪れ」、新宿の紀伊國屋書店の店頭に平積みされた月刊『WiLL』を手に取って、僕の記事を見ながら「韓国人の悪口が書かれています」と説明する場面が出てきます。店員さんに「これって、どれくらいの認知度があるんですか」と日本語で質問し、店員さんは「政治系が好きな人は、わりと毎月買っていきます」と答えていました。

こいつは韓国人じゃない、日本人だよ！

番組ではさらに、〝自称〟女子挺身隊にいたという老婦人が登場します。

新宿・紀伊國屋書店で『WiLL』を手に取り、著者の記事を確認する韓国 SBS の取材スタッフ（SBS『それが知りたい』より）

その老婦人に、僕が「在日韓国朝鮮人がよく口にする『強制連行によって無理やり連れてこられた』という主張は捏造だ」「当時の巡査で月給四十五円、募集工（徴用工）は月給五十円、因みに慰安婦は月給三百円で、しかも三千円まで前借りが可能とのことでした。相当高収入だったということがわかります」と発言している動画を見せます。老婦人は「こいつ（WWUK）は日本人だよ！　われわれ韓国人はこんなこと言わない！　炭鉱で（皆）あんなに痩せこけ、やつれながら働いていたんだ！」と感情的になり、続けて「こいつは、どこでこんな話を聞いたんだ？　捕まえて聞き出してやりたい！」と怒りを露わにします。しかし、その直後に映された女性の集合写真には、痩せこけているどころか、顔がふっくらした女性ばかりが映っている（笑）。

また別の女性も僕の動画を見て、「こいつは日本人なの？　言っていることが理解できません！　こいつは何を根拠にこんな話をしているんだ！　この根拠となる情報を提供したのは誰だ！」と声を荒げていました。

そして最後に番組は、僕のことを「最初は普通（政治以外）の動画を投稿していたが、最近は金銭目的で日韓問題に関する動画を投稿している」と決めつけ、僕たちが発信している韓国に関する情報は、現在韓国で大ベストセラーとなっている『反日種族主義』の著者の一人である李宇衍《イウヨン》氏からすべて得ていると結論づけます。しかし、僕は李氏と会ったことは一度もありませんし、失礼ながらそのときは『反日種族主義』もまだ拝読していませんでした。これもまた、事実無根の情報です。

ただ韓国のテレビ番組は、編集だけは格別に上手《うま》い（笑）。日本のドキュメンタリー番組はＢＧＭをあまり流しませんが、韓国の番組編集はとてもシネマティックで、至るところでＢＧＭが聞こえてきます。しかも、老婦人が薬を飲みながら話す場面を映しては〝いかにも悲しい〟音楽を流す。そして日本軍の悪事を訴えるシーンでは、まるで〝魔王〟でも登場するかのようなおどろおどろしい音楽で視聴者の感情を巧みにコントロールします。韓国国防部が公開した例のレーダー照射事件の反論動画は、その悪影響でしょう（笑）。

韓国メディアは日本の某新聞社と同じように、歪曲報道については「言論・表現の自由」を訴え、都合の悪い真実は「報道しない自由」を掲げる。今に始まったことではありませんが、もはや韓国の左派メディアには嘘をつくことに対する引け目や負い目、罪悪感は皆無と言っていいでしょう。

日本国内の「ジャパン・ヘイト」

昨今、日本でも言論・報道の自由が脅かされています。

『週刊ポスト』（二〇一九年九月三日号。小学館刊）に掲載された「韓国なんて要らない」という特集記事に同誌ゆかりの作家たちから「差別的だ。小学館の雑誌には二度と寄稿しない」という声があがり、「民族差別を助長する」「人種差別と憎悪を煽るヘイトスピーチ」といった批判の声が集中して、発行元の小学館が謝罪する騒ぎがありました。

しかし中身を見ても、「GSOMIA破棄なら半島危機へ——金正恩に占領される悪夢」「（日本製部品がなければ）サムスンのスマホも、LGのテレビも現代《ヒュンダイ》の自働車も作れなくなる」など、〝生き証人〟の証言だけを根拠にする韓国メディアとは違い、いずれも憶測だけの主張ではなく、歴史事実や統計データなど具体的な証拠に基づいた考察がなされています。これの一体、どこがヘイトに当たるのでしょうか。

確かに「『嫌韓』ではなく『断韓』だ」「厄介な隣人にサヨウナラ」など、見出しが少々過激だということはわかります。ですが雑誌に限らず、商品を売るときに宣伝として「キャッチコピー」や「謳《うた》い文句」などに誇張した表現を使用することは何も不思議なことではありません。それに、韓国では日本以上に過激な表現がネット記事や報道番組などあらゆるところで目につきます。

すぐに謝ってしまった小学館にも問題があります。二〇一八年に『新潮45』（新潮社刊）が、自民党の杉田水脈《みお》議員の論文「『ＬＧＢＴ』支援の度が過ぎる」掲載に対する批判に反論したため廃刊に追い込まれたことが頭をよぎったのかもしれませんが、せっかく安倍総理が頑張っているというのに、まるで韓国や中国から抗議されるたびに謝っていたかつての日本政府のようではありませんか。

そもそも『週刊ポスト』の特集は、あくまで〝現実的な視点〟から、単純に「大韓民国」という国が日本にとって「必要な国」か「不要な国」かということだけを争点としています。それを、言葉尻だけを取って「差別を助長する」と主張するのは軽率です。

また、最も問題視されている「怒りを抑えられない『韓国人という病理』十人に一人は治療が必要（大韓神経精神医学会）」という記事も、タイトルにある通り、韓国の「大韓神経精神医学会」で発表された「韓国成人の半分以上が憤怒調節に困難を感じており、十人に一人は治療が必要なほど、高危険群である」という趣旨のレポートに基づいたものですし、記事の中には『中央日報（日本語版）』から引用したと明記されています。

つまり「嫌韓書籍」と罵《ののし》っている人の大半は、実際に記事の内容を読まずに発言しているのです。もしちゃんと読んでいるのなら、『週刊ポスト』の前にレポートを公表した大韓神経精神医学会と、それを記事で取り上げた『中央日報』を糾弾しなければ筋が通りません。内容も読まずに発言するなんて、「雑誌、活字メディアへの冒瀆《ぼうとく》」と言わざるを得ません。

一方の韓国は、国を挙げて制作した反日教科書を毎日学校で使用して反日洗脳を行っていますし、ことあるごとに日章旗や旭日旗を破ったり、安倍首相のマスクを被って土下座パフォーマンスをしたり、あからさまな〝ヘイトアクション〟を行っています。日本では雑誌が「嫌韓」を煽っていると批判しながら、韓国では学校で使われる教科書で「反日（ヘイト行為）」を日々行っている。

韓国人はこんな自己矛盾にも気づけない国民なのでしょうか。

なぜ「リベラル」と呼ばれる日本の左派は、日本がやられるとダンマリで、韓国がやられたときには「何とかして揚げ足を取ろう」と騒ぎ立てるのでしょう。『週刊ポスト』の連載をやめると表明した在日朝鮮人作家の方々にも、ぜひ話を聞いてみたいところです。

〝逆ヘイトアクション〟と呼べるような事件もありました。

名古屋市で開催された国際芸術祭「あいちトリエンナーレ２０１９」の企画展「表現の不自由展・その後」に慰安婦少女像（「平和の少女像」）が展示されたことに抗議が殺到し、テロ予告もあったことから、安全上の問題という理由でいったん中止に追い込まれたものの、それから二カ月後、大村秀章愛知県知事と、芸術祭実行委員会・不自由展実行委員会との合意によって展示が再開されました。

この企画展には、慰安婦少女像の展示のほかにも、「昭和天皇の肖像をバーナーで焼き、燃え残りを足で踏みつける映像作品」なるものもあったと言います。これらの展示中止に「芸術への弾圧」だとか、「表現の自由を守れ」とか「多様性を認めない日本の不寛容さを示すものだ」などと言って反対する人たち、および主催者やアーティストたちは、捏造による他国のプロパガンダ作品を展示したり、自国の元首・象徴を侮辱する作品を、「表現の自由」という美名のもとで公開することが本当に芸術・文化だと思っているのでしょうか。しかも、展示再開にあたって政府が補助金の不交付を決めたことに抗議するにいたっては、何か勘違いしているとしか思えません。

たとえばイギリスで、英国政府からの補助を受けながら、公的な場で女王陛下の肖像を燃やすようなパフォーマンスが許されるかどうか。国際社会の常識で考えればすぐにわかることです。

もしこれが日韓逆の立場だったら、どんなことになっていたでしょう。テロ予告どころか、その場で展示会場に暴徒がなだれこむことは目に見えています。主催者や制作者はどんな目にあうかわかりません。ここでも韓国批判は「ヘイト」、反日行為は「自由」「良心的」というダブルスタンダードがまかりとおっているのです。

「離日」から「離米」へ

「大韓神経精神医学会」の「韓国成人の半分以上が憤怒調節に困難を感じている」という説に対して、韓国人の多くはあながち間違いではないと感じています。

確かに、韓国人は短気で喧嘩っ早いところがある。これも僕の独りよがりな考えではなく、中学時代に留学していたオーストラリアの人々や、動画撮影で訪れたことのあるアメリカの人々、あるいは高校時代から現在まで暮らしている日本の人々と比べても、とりわけ韓国人は感情的になりやすい。

道端で人と肩がぶつかろうものなら、問答無用で相手に向かっていきます。もし隣に彼女がいれば、いいところを見せようといよいよ攻撃的になるでしょう（笑）。一説には唐辛子に含まれるカプサイシンの過剰摂取による作用だとも言われていますが、本当のところははっきりしません。

こうした感情はどうも韓国人の「国民性」からきているような気がします。

多くの方がご存じのように、韓国人は日本人に対して〝常に〟上から目線です。どうやら韓国人は「大陸側の民族」であることを誇りにしているらしく、日本人に対しては大陸から切り離され、島国として隔離された僻地の「劣等民族」という意識があります。実際に僕の動画にも、日本の輸出管理強化やホワイト国除外に対して「日本人の劣等感か?」「GSOMIA《ジーソミア》を破棄したからといって、韓国に困ることがあるのか?」などというコメントが寄せられています。

しかし、二〇一九年十月二日、北朝鮮が発射した弾道ミサイルについて、GSOMIAに基づく情報共有を求めてきたのは韓国のほうでした。韓国側は、弾道ミサイル着弾までの状況を分析するには日本側の情報が必要と判断したのです。日本から韓国には要請はなかったそうですが、GSOMIAは同年十一月二十二日までは有効なので、韓国は自分から一方的に破棄を通告しておきながら厚かましく情報提供を申し入れてきたのです（そもそも韓国には軍事用偵察衛星が一つもない。そして十一月二十二日の失効直前になって、協定破棄を凍結）。

ただ現在の韓国では正しい情報を得ることさえ困難を極めますから、このような的外れなコメントが書き込まれるのも無理はありません。それに、このような考え方は四、五十代に多く見られる意見で、若者の大半は日韓の関係悪化に大きな危機感を抱いています。動画の中でも紹介していますが、僕の動画へのコメントを書き込んだ視聴者の性別や年齢の統計を取っているので、それが肌感覚でダイレクトに伝わってきます。ひょっとすると、皆さんの中にも「『ＮＯアベ』と書かれたプラカードを持ちながら、反日デモに参加している若者もいる」と思われる方がいるかもしれません。しかし、その多くは前にも述べたとおり、「韓国大学総学生会連合」という左派学生運動団体の活動家です。

その学生たちがプラカードを持ってカメラに映れば、日韓の（左派）マスコミがそれを取り上げます。そうして、「韓国の若者たちに反日感情がある」という誤ったメッセージを日韓両国民に送り続けているのです。

現在、韓国では保守派による反政権デモが連日のように行われているにもかかわらず、日本でまったく報道されていないのも同じ理由です。保守派デモに参加しているのは政治家でもインフルエンサーでもない一般国民なので、いくら反日デモをはるかに上回る人数が集まろうと、左派の活動家や団体のプロパガンダには勝てないのです。

今後、文政権は北朝鮮との「赤化統一」に向けて、「離日・離米」を推し進めていくことは間違いありません。しかしアメリカと離別するのは、まだ時期尚早です。なぜなら、現在の韓国では「反日」には大方の理解が得られますが、「反米」というのは〝正義〟にはなり得ないからです。

韓国には、アメリカに対して前述のとおり「原爆投下によって独立できた」、あるいは「朝鮮戦争でアメリカ軍は命を懸けて韓国のために戦ってくれた」という意識が頭の中に強くあります。ですから、文政権がGSOMIAを破棄しようとしたのは、実は対米政策だったのではないかと思います。

GSOMIAをめぐる物言いは表面上、韓国政府が反日政策の延長線として行った突発的な行動に見えますが、裏には間接的にアメリカと距離を置くという意図があった。日本のせいで破棄せざるを得なくなったと見せかけて、実は離米政策のための措置だったのです。

韓国政府はアメリカが「(破棄について)理解を示した」と語り、トランプ大統領をはじめエスパー国防長官やポンペイオ国務長官が「それは嘘だ。文政権には失望した」と酷評。米韓関係に亀裂を生じさせました。

二〇一九年十月一日、韓国の大邱《テグ》空軍基地で、建軍七十一周年を祝う「国軍の日」記念式典が開かれましたが、この式典に、なんと在韓米軍のロバート・エイブラムス司令官が欠席しました。

「国軍の日」とは一九五〇年九月、朝鮮戦争で劣勢に立った国連軍が仁川《インチョン》上陸作戦を成功させ、翌月一日、韓国軍が三十八度度線を突破して北朝鮮に反撃を開始したのを記念して制定されたものです。建軍七十周年だった二〇一八年は、北朝鮮に遠慮して軍事パレードが中止されました。これも文政権の「従北」政策によるものです。

在韓米軍司令官の式典欠席は、従北・親中路線を推し進め、南北の「赤化統一」を狙う文政権へのアメリカの怒りの表明と見られています。戦時作戦統制権（指揮権）の国連軍（米軍）からの移管まで求めている。文政権は、着々と米韓同盟の廃棄に向けて手を打っているようです。

文大統領としては、ＧＳＯＭＩＡの破棄によって「反日」と「離米」が同時に成功すればこそ願ったり叶ったりになるところだったのでしょう。南北分断の時代こそ在韓米軍が必要でしたが、北朝鮮と統一を果たして核兵器を手に入れるには、在韓米軍は邪魔になるだけです。文在寅大統領は北朝鮮との平和条約締結に躍起だからです。

その証拠に、ここ二年ほどの間に韓国のハムバク島（咸朴島）に北朝鮮の軍事施設が建設されました。これは日本だけではなく、なぜか韓国でも報道されていません。これに対して、韓国の国防部は「ハムバク島は我が領土ではない。北朝鮮は自分たちの領土に軍事施設を建てたに過ぎない」と完全に北朝鮮を擁護しています。

島の領有権はさておき、問題はハムバク島のあるその〝場所〟です。ハムバク島は韓国の中心に位置するソウルからおよそ八十五キロメートルほどの朝鮮半島の東に位置する小さな島で、韓国では「軍事要衝」として知られています。

そこで問題なのは、二〇一九年七月三十一日に北朝鮮が発射したミサイル（北朝鮮は「大口径多連装ロケット砲」と発表）は飛行距離が二百五十キロメートル、八月二日に発射したものは二百二十キロメートルということです。今回は高度も低く設定され、空気抵抗によって飛距離が稼げない状態で打ち上げられたのでこの程度の距離でしたが、もし角度をつけて高度を高めれば四百～五百キロメートルまで飛ぶということなので、韓国全土が射程圏内に収まっていることになります。日本だって危ない。このような施設の存在に気づかないほど韓国政府も愚かではないでしょうから、明らかにわざと黙っていたとしか考えられません。

この問題を取り上げた僕の動画には、「国防力も情報力も軍事力も衰えている中で、とうとう国民の声もろくに聞かず、『米軍撤退』を隠さず叫ぶようになったな」「同盟関係にある日米を断ち切り、我々は北朝鮮の『核の奴隷』にされる」「青瓦台は六・二五（朝鮮戦争）のときに、韓国の自由のために命を犠牲にした六万三千名のアメリカ軍の青年たちに申し訳ないと思わないのか？」などと文政権に対する批判的なコメントが数多く寄せられました。

僕には、この人たちのコメントが間違っているとは到底思えません。文政権は、着実に韓国からアメリカの存在を消そうとしているのです。

その「離米政策」の一環として、まずは日韓関係を破滅に追い込もうとしています。それを実現するために、疑惑だらけの曺《チョグク》国氏を法務部長官として強行任命しました。

文大統領は二〇二〇年四月に予定されている総選挙で万一与党が敗北しても、自分の政治思想を受け継ぐ曺氏を次の大統領候補に据えたくて長官にしたのでしょう。

ともあれ、日米との関係を断ち、悲願である南北統一を果たすためなら、どんなに反対があっても手段を選ばないのです。

ところが、反共を旨とする国家保安法の撤廃と南北統一、それに大統領退任後の身の保全を目的とした「検察改革」のため、曺国氏の法務部長官任命と同時に、朴槿恵《パククネ》前大統領の不正を暴いた功績から検事総長に抜擢した尹錫悦《ユンソクヨル》が、皮肉にも文大統領の意向を無視して曺国氏一族の疑惑を徹底追及し、曺国氏はわずか三十五日で法務部長官を辞任せざるを得なくなりました。

曺氏の強行任命こそ、民主主義を悪用した文政権の〝独裁政治《ファシズム》〟を如実に表しています。

今は辞任して政界から姿を消した曺国氏ですが、時間が経ち、ほとぼりが冷めたら、いつまたシレッと戻ってくるか分かりません。韓国なら十分にあり得ることだと思います。

終章

日韓関係の再構築のために

お辞儀を返した韓国選手

確実に世界から孤立しつつある韓国に、もし本当に事態を改善する気があるのなら、当たり前のことではありますが、まずは北朝鮮との瀬取りを止め、国際法を順守するべきでしょう。今回の輸出管理強化の対象になった三品目は軍事転用が可能ですから、それを北朝鮮に密輸していると考えたトランプ政権が日本を陰から支えているのではないか、との見方も出てきています。

菅義偉《すがよしひで》官房長官も輸出管理を強化していくと言っていますし、輸出管理が強化される対象の品目も増えていくはずですから、韓国はますます締め上げられることになるでしょう。

率直に言って、韓国は今までどの政権にせよ、問題は必ずありましたが、現政権の国家運営はいまだかつてないほどひどい。一刻も早く文大統領よりも〝マシな〟政権に交代することを願っています。韓国に関しては正直なところ政権がどうこうというレベルではありませんが、このままでは「親日」「反日」に関わらず、韓国は崩壊してしまいます。韓国国民すべてが立ち上がって文政権と北朝鮮から国を守り抜き、日米との友好を一から築きなおして今度こそ〝真の独立〟を自分たちの手で実現すべきです。

唯一の希望はやはり、若者です。

二〇一九年の八月から九月にかけて、韓国の釜山で野球のU18（十八歳以下）ワールドカップが行われました。高野連（日本高等学校野球連盟）が、日韓関係に配慮して代表選手たちのシャツに日章旗を付けることを自粛するなど、日本選手の安全さえ心配される状況でした。

そんな中、九月六日に行われた日韓戦で、日本選手が韓国の選手に誤って死球を与えてしまいました。一瞬、緊張した方もいたと思いますが、日本の選手が帽子を取って深々と頭を下げて謝ると、なんと死球を受けた韓国の選手も帽子を取ってお辞儀を返したのです。

これまでスポーツの日韓戦と言えば、とくにサッカーなどでは日本を挑発したり、ラフプレーを繰り返したりして後味の悪い試合が多かった。にもかかわらず、日韓関係が史上最悪といわれる状況の中で、韓国選手の謙虚なふるまいに、ひさしぶりに温かい気持ちになりました。フェアプレー精神において、前述したサッカーの奇誠庸《キソンヨン》選手とは大変な違いです。

また、二〇一九年十月、ソウルの仁憲《インホン》高校の三年生を中心とする生徒百五十人が、ソウル教育長に「学校の監査」を要求する請願を提出したことが報じられました。生徒たちは、学校行事の際、教師たちが「日本の経済侵略、反対する、反対する」「安倍の自民党、亡びる、亡びる」と叫ぶように強要したことは、「良心の自由を抑圧し、学生の人権を踏みつぶす暴挙」だと主張しました。さらに、「先生は曺国法相の疑惑関連ニュースは全てフェイクニュースだと言っていた」「授業中に文大統領が嫌だと話したら、君はもしかして極右なのかと言われた」とも証言しています。

韓国の教育現場ではごくあたりまえの光景で、こうした教師たちの言動に疑問を持っている学生も多いのですが、それをあからさまに口にできない事情があるのです。抗議の声をあげた仁憲高校の生徒たちも、「大学入試に影響が及ぶ『生活記録簿』の記載が終了することを待っていた」と語っています。記録簿は教師が作成するので、先生に反対すると大学入試に不利になるからです。「恥かしいが、三年生に対する記録簿の記載が終了した今になって、ようやく抗議できるようになった」と彼らは言います。「学生の価値観と良心の自由を保障せよ」と、反日教育に対して高校生が集団で抗議行動を起こしたのは韓国で初めてのことです。

記録簿の記載が終了したとはいえ、彼らの大学進学に、教師たちがこれからどんな妨害をするかわかりません。にもかかわらず、十代の若者たちがこうした勇気ある行動を起こしたことに、ささやかな希望を抱きます。

国民が目覚めなければ国は変わらない

現在日本で暮らしている韓国人（留学生を含む）や日本での就職を希望する韓国国内の若者たちの大半は、日本のアニメやゲームで育った人たちで、日本が大好きです。観光で日本を訪れた韓国の人たちは、自分の目で直接見た日本は韓国で言われているイメージとは全然違ったと口をそろえます。実際に日本人と接してみると誰もが親切で、道案内してもらったとか、すごく気を遣ってもらったとか、韓国内のローカルなブログには、そういう日本の楽しい思い出がいっぱい書かれています。このような書き込みは、やはりネット上、匿名で発信できるため、親日発言をしても問題にならず、むしろ親日派同士で楽しく分かち合うコミュニティが多数存在します。

ただ、日本が好きであっても、歴史はまた別だと考えている人が多いのも事実です。やはりわれわれ韓国人は昔、日本人に悪いことをされたという、心に植え付けられた無理矢理なウリナラ・ファンタジーが、いざとなると顔を出す。

僕は日韓の歴史についていろいろ学んだ結果、ますます日本のことが大好きになりました。ですから、日本が悪く言われるといやな思いがしますし、とくに、歪曲した事実を元に非難されることがいちばん我慢できない。そういう韓国人の意識を正したいという気持ちが強いのです。

僕は韓国の縦社会、ピラミッド社会にうんざりしています。その上の層にいる人たち(既得権者)が、自分たちに都合のいい世界を政治的につくっていることが許せない。韓国の若者には、それに気づいてほしい。そのためには、まず民間人がお互いを理解しあわなければいけないと思っています。

民間人である一般の国民が目覚めないと、トップも動かせない。「ロウソク革命」のように民衆が一心同体になって立ち上がる、韓国人の行動力だけは僕は評価していきます。何かと言えばロウソクを持ち出すのはちょっとどうかとも思いますが、民間人のみんなが日韓の歴史の真実を知るようになったら、高い確率で韓国人も変わるのではないか――そんなささやかな希望を捨ててはいません。そして日本人とはやはり隣国のアジア人同士、力を合わせたい。

それを叶えるためには、まず日韓両国間において断交まではいかずとも距離を置く必要があると考えます。そして、韓国は自国の間違いを認め、今までの自国の蛮行に対し、日本に公式的に謝罪をすること。今の情勢からすると、現実味が全くないかもしれませんが、ただこれが実現しなければ日韓が仲良くなることは「一生」ないと僕は思います。現在に至るまで何度も政権交代してきた韓国ですが、その度に日韓は仲が悪くなったり、少し落ち着いたりと、そういった波が続いてきました。いくら政権交代したところで、自国の「嘘の歴史」を認めない限り、日本はおろか、世界とも仲良くできません。すでに今の韓国は世界から見放されつつあります（国際法を平気でやぶることも原因の一つ）。

よく韓国は「歴史を忘れた民族に未来はない」と格好良さげに言ってきますが、果たして歴史を忘れたのはどちらでしょうか。今までの韓国の言動を見れば一目瞭然だと思います。僕はあえて日本寄りの意見をしているわけではありません。しかし正しいことを発言しようとすると、どうしても日本寄りの発言になってしまう。母国だからといってウソをついてまで擁護する必要は全くなく、むしろ無条件の愛国心はその国を破滅の道へと導く。だからこそ僕は韓国に対し、厳しく当たっていきたいのです。

旭日旗の服を着て韓国を歩きたい

よく視聴者の方々から「本当に真実を伝える気があるなら、英語や韓国語でも発信するべきだ」という厳しくも大変ありがたいご指摘をいただくことがあります。前述したように、現在の韓国では「親日狩り」が活発化しており、とても危険な状態です。ですから、僕の考えとしてはまず日本の若者にも真実を知っていただき、韓国語や英語での発信は帰化によって「日本人」という国籍上の安全を確保できてからと考えています。

日本人になったら、一度、旭日旗をデザインしたTシャツなどを着て韓国の街を歩いてみたいと思っています。危険は覚悟のうえです。ただ、言い方がちょっとおかしいかもしれませんが、暴力をふるわれるよりも、むしろ日本に帰れなくなるほうが怖い。だからこそ、日本国籍を取ってから行くのです（とはいえ、軟禁された産経新聞の加藤達也元ソウル支局長のようなことも考慮しておく必要があるかもしれませんが……）。

韓国籍のままだと、日本に二度と戻れなくなる恐れがある。でも、日本人であれば、自分の帰る場所はもちろん日本であって、帰国は保証されます。そのうえで旭日旗のTシャツを着て韓国に行き、いろいろな調査をしつつ、現地でのリアルな反応を見てみたい。

果たして旭日旗にアレルギー反応を示す韓国人に殴られるかどうか。あえてリスクを冒してそういう極端なことをしないと、韓国人とは討論もできないし、仲良くなれないと思うのです。日本人も韓国人も、お互いにどれが本当で、どれがヤラセか区別のつかないニュースがいまや日韓双方のメディアにあふれています。SNSのコメントやネットのニュースを見て、「俺たち、こんなに嫌われているのか」と互いに不愉快な思いをする。しかし、その多くは誤解に基づくものです。

そこで僕は、現地での人々の反応や雰囲気や認識といった、われわれがネット記事だけでは理解しきれない部分を映像に収め、みなさんにお伝えしたいと考えています。

昨今はマスコミの歪曲報道やフェイクニュースが目に余るせいか、若者たちだけでなく、トランプ米大統領をはじめ、多くの政治家たちがツイッターで自ら情報を発信するようになっています。これまで韓国は日本の謙虚な姿勢に甘んじてきましたが、だんだんと甘えは通用しなくなるでしょう。これからは今までの日本とは違います。

本音を言えば、やはり母国である以上、韓国には日本と真の友好関係を築いてほしいと思っています。連日報道されているような韓国人のふるまいを見る限り、先ほども述べたように、日本と韓国は関係をリセットするべきです。そのうえで韓国には、これまでの日本の支援や協力がいかに大きな存在で、いかに韓国がそれに頼りきりだったのかを一度思い知るべきです。こんなことを言うのは、正直胸が詰まるほど辛い。しかし、それが日韓両国のためだと思います。

将来的にもう一度友好関係を築けるのであれば、そのためにも、あわてて仲良くしようとする必要はありません。韓国ではまだまだ親日をカミングアウトできるような状況にない。

いつの日か、韓国で多くの人が「日本が好きだ！」と胸を張って言える日が来れば、そのときはもう一度日本には韓国と手を取り合ってほしい。そのために、これからもユーチューブで言論活動を続け、これ以上反日による被害者を増やさないために歴史認識に対する韓国人の誤解を解くことで、日韓の軋轢《あつれき》を取り除いていきたいのです。

そのためにも、本書を多くの人に手にしてもらえたら、これほどうれしいことはありません。

「はじめに」でも触れたように、二〇一九年十月、僕は韓国人視聴者から殺害予告を受けました。僕が一一〇番したシーンは、僕の動画でも見ることができます。それでも、僕は言論活動をやめる気は一切ありません。もし僕の動画に納得いかない箇所があれば感情的にならず、広い視野で物事を客観的に見つめ、脅迫や殺害予告ではなく、論理的に反論していただきたいものです。

WWUK（ウォーク）
韓国・ソウル生まれ。中学校2年生の途中で、韓国からオーストラリア・アデレードにある中学校に編入し卒業。その後、日本の高校と音楽専門学校をそれぞれ卒業し、日本でゲームの楽曲や効果音を制作する会社に3年間勤務。現在はYouTubeの「WWUK TV（ウォークティーブイ）」というチャンネルにて、日韓歴史における真実や時事問題の動画投稿をメインに生計を立てている。チャンネル登録者数は28万7000人（2019年11月20日時点）。

韓国人《かんこくじん》ユーチューバー・WWUK《ウォーク》
韓国人《かんこくじん》のボクが「反日洗脳《はんにちせんのう》」から解放《かいほう》された理由《ワケ》

2019年12月21日　初版発行
2019年12月31日　第2刷

著　者　WWUK

発行者　鈴木 隆一

発行所　ワック株式会社
東京都千代田区五番町 4-5　五番町コスモビル　〒 102-0076
電話　03-5226-7622
http://web-wac.co.jp/

印刷製本　大日本印刷株式会社

ISBN978-4-89831-815-7